Communication psychology
Talk to anybody

沟通心理学

跟任何人都聊得来

冠诚◎著

郑州大学出版社

图书在版编目（CIP）数据

沟通心理学：跟任何人都聊得来/冠诚著．—郑州：郑州大学出版社，2017.11（2019.10 重印）

ISBN 978－7－5645－4810－0

Ⅰ.①沟… Ⅱ.①冠… Ⅲ.①心理交往－通俗读物 Ⅳ.①C912.11－49

中国版本图书馆 CIP 数据核字（2017）第 227430 号

郑州大学出版社出版发行

郑州市大学路 40 号　　邮政编码：450052

出版人：张功员　　发行电话：0371－66966070

全国新华书店经销

三河市宏图印务有限公司

开本：880mm×1230mm　1/32

印张：6

字数：162 千字

版次：2017 年 11 月第 1 版　　印次：2019 年 10 月第 3 次印刷

书号：ISBN 978－7－5645－4810－0　定价：35.00 元

前 言

语言作为人类拥有的财富，它首先体现在作为交流的工具这层意义上。对于那些不善于使用语言这种工具、不懂得如何与他人交流的人，语言的价值已经打了折扣。在“语言”的层面上，人是绝对自由的，它没有年龄、性别、高低、贵贱之分。

语言的迷人之处在于它是一种交流的工具，还在于它本身就具有快感，所以，人们对绝妙口语的迷信和崇拜是不言而喻的。把握住语言这个财富，足以为你的谈吐增色不少，给你带来很多快乐和机会。

语言是“思想的直接现实”，是信息的第一载体，而口语又是人们应用最广泛，最经济简便的表达方式和交流手段。人们常常根据你的谈吐来决定是否聘任你为他们工作，是否拥戴你做他们的领导，或推举你为他们的代表。它甚至能影响人们是否下决心购买你推销的商品，是否愿意邀请你到家中做客，并进一步和你交往。

即使你的思想像星星一样闪闪发光，即使你替公司经营所出的主意十分精明，即使你的头脑里充满了有关艺术、体育、飞机、地质、音乐和电脑等方面渊博的知识，但这一切都无法使你免遭语言障碍的困扰。除非你能引起人们的注意，文雅亲切地与人交谈、沟通，否则，没有人会耐心听你说完你的见解。

口才不仅是处理国与国之间关系的有力武器，更是生活中人际交往的桥梁。人们通过交谈表达自己的思想和愿望，表达自己的喜悦和忧伤。只要你懂得和掌握口才的奥秘，你的生活必定充满阳光！

有口才的人，他的人生将会更丰富多彩，因为他可以凭借自己良好的口才，给自己创造一个融洽的工作和生活环境，一片任其驰骋的天空。

但说话取得良好效果的先决条件，是要引起倾听者的兴趣，符合倾听者的口味。没有共同的情趣、爱好，就不会有共同的语言。也就难以产生融洽的气氛，没有和谐的气氛，就没有心灵的沟通。

然而，许多人说话时常以自我为中心，凡是自己觉得有趣的东西，就认为对方必然感兴趣，殊不知对方却因为觉得无聊而猛打哈欠，根本没听进去。也有人在听到别人兴致勃勃地谈论诸如流行歌曲之类的话题时，就表现出不屑一顾的脸色，打断别人的话题，喷出满口的哲学名词、文学术语，以表现自己的志趣高雅。这样的人最让人倒胃口。

要让别人明了自己的意思，先要让别人愿意听，说话时要尽量贴近倾听者喜欢的口味，才能收到最大效果。只知道满足自己说话的欲望，而漠视倾听者的存在，与自言自语并无不同。

与人相处是否和睦，与人共事是否遂心，干工作能否顺利，干事业能否成功，很多时候并不取决于事情是怎么办的，而取决于话是怎么说的。说话说不到位，别人可能听不明白，理解不透，琢磨不出你的真实用意，你提出的想法或要求也不会被人重视和接受，非但事情办不成，也常常被人瞧不起，这样怎么能换取别人的欣赏与亲善呢？怎么能赢得别人的友谊和器重呢？另一方面，话说得太过头不行，要求太高，言辞太尖刻，让人听了不愉快，觉得你不识大体，不懂规矩，不知好歹，这样的人常常被人敬而远之，也同样无法与人正常交往。

所以，要想在这个社会上体面地立足，语言这东西可千万别小瞧了它，要想使自己所说的话符合倾听者的口味，就请你看一看本书，它会告诉你谈话时怎样多些赞美，如何用诚恳的态度，热情洋溢的话语来与对方交谈。只要你掌握了这样的说话方式和技巧，就能在交谈时表现出自己的涵养、友善，而且，能迅速博得对方的好感，从而拨动对方内心深处的心弦，与你产生共鸣，并渴望与你拉近关系，进行深入的交往。

目 录

第一章 交际口才技巧

在与人说话时，要想取得良好的说话效果，所说的话就要符合倾听者的口味，同样的话题内容要针对不同的倾听者，就应该采用不同的交际口才技巧来表达。就像吃东西一样，同样的食品原料，可以做成不同风味的菜肴，说话的方式就像改变食物的调理方式一样，也可以适当加以变化。

好话题是初步交谈的媒介

因为业务关系，常有一些陌生人到办公室来洽谈有关事宜。由于是初次见面，素昧平生，“怕生”的心理使得一些人感觉到不自然，因而“不好意思”交谈；也有人感到不知从何说起，“没有办法交谈”。他们或局促一角，尴尬窘迫；或欲言又止，话不成句；或说话生硬，使人误解……产生这种现象的原因便是缺乏和陌生人交谈的勇气。所以，在与人交谈时首先要坚信自己是能够把话说清楚的。

有了信心，一旦找到合适的话题，就能使交谈融洽自如。好话题是初步交谈的媒介，深入细谈的基础，纵情畅谈的开端。

寻找和陌生人交谈的话题，不妨从天气、籍贯、兴趣和衣着等方面着手。问这些方面的问题较不易触及对方敏感处，这比用薪水、职位和年龄做开端来得保险可靠。

例如：“您是哪里人?”“江苏。”于是，你就顺着“江苏”往下发挥，“那是个好地方！不但风景美丽，住在那儿的人非常注重礼节。”“是啊，咱们江苏……”如此，你就轻松地使对方打开了话匣子。或者，你可以说：“今天天气真好，如果能爬山，一定很不错。”“你喜欢爬山？爬过哪些山呢?”“我曾爬过……”顺话找话，打蛇随棍上，绝对能令你发掘出源源不断的话题，甚至觉得意犹未尽呢。

一位穿着典雅的青年女子在一个首饰店的柜台前看了很久。售货员问了一句：“小姐，您要什么?”

“随便看看。”女士的回答明显缺乏足够的热情。可她仍然在仔细观看柜台里的陈列品。此时，售货员如果找不到和顾客交谈的话题，就很难营造买卖的良好气氛，可能会白白放弃一笔生意。

细心的售货员发现了女士的裙装别具特色：“您这件裙子好漂亮呀!”“啊!”女士的视线终于从陈列品上移开了。

“这种裙子的款式很少见，是在隔壁的百货大楼买的吗?”显然这是售货员设计的话题。

“当然不是！这是我从国外买来的。”女士开口了，并对自己的回答颇为得意。

“是这样呀，我说在国内从来没有看到这样的裙装呢。说真的，您穿这套裙装，确实很吸引人。”“您过奖了。”女士有些不好意思地说。

“只是……对了，可能您已经想到了这一点，要是再配一条合适的项链，效果可能就更好了。”聪明的售货员终于转向了主题。

“是呀，我也这么想，只是项链这种昂贵商品，怕自己选得不合适……”

“没关系，来，我来为您参谋一下……”

由于聪明的售货员运用了成功的推销手段，这位顾客终于在这家首饰店购买了自己满意的项链。

与听众“同呼吸、共命运”

历史上有许多成功的讲演者，他们只要一开口，一挥拳，台下的听众就群起拥护，群情激昂，情不自禁。

他们之所以能和听众结成一体，是他们所用的词、态度或所说的话，都不是以“我”为中心，而是与听众“同呼吸、共命运”，因此，听众对他所说的话能深植在心里，容易引起共鸣。他们常说“我们这种表现”，由于不是说“我”，而是说“我们”，使听众们产生“命运与共”的意识。

日本的许多企业都主张“家族化”，正是靠这种“和平演变”强烈地吸引着企业的所有人员甘心为他们卖力。日本企业的工作效率超过美国工作效率，其主要原因在于管理者善于用语言来打动员工。因为在美国企业中，上司和员工之间界限分明，说话时的口气带有一种强迫的口味，这样很容易使员工产生一种“压抑”感，而日本企业中的员工都能“以厂为家”，这种意识完全是因为说话的方式不同而产生的。

如果你想要与比较固执的伙伴在工作上互相配合，按照自己的意图办事，最好的办法就是在他们未能躲进自我的“墙壁”内侧以前，先使用“我们”两字，使他们感觉到你和他之间有共同点。因为，固执的人对自我都很敏感，归属意识也比较强，所以，应巧妙地运用“我们”这个词语，以便解除对方的心理防线，进而同你的态度保持一致。

如果是男女之间的交谈，不要说“我和你”而说“我们两个人”。因为，这样比较能够使对方感到两人是一体的，说服起来就容易得多。若你是一个主观性很强的人，平常更应该注意常用“我们”这两个字眼了。

相信运用“我们”这个词语，将使你与同行们相处得更融洽，更默契，那么，成功也将与你结缘。

交谈的语言要能打动人心

埋头做事者常常是事业心很强或对某事很感兴趣的人，一旦开始做事，便全身心投入，不愿再见他人。这种人往往惜时如金，爱时如命，铁面无情。要敲开这种人的门，首先不要怕碰“钉子”，还要有足够的耐心，并且要善于区分不同情况，或硬缠或软磨，直至达到目的。

毕加索之子小科劳德的母亲弗朗索瓦兹·吉洛特十分爱好绘画，一入画室便不容有人打扰。一次她正在作画，儿子想让妈妈带他去玩，便敲响了门，可吉洛特已全身心投入到绘画上，听到敲门声和儿子的喊声，只是回应了一声，仍旧埋头作画。停了一会，门还没开，儿子又说：“妈妈，我爱你。”可得到的回应也只是：“我也爱你呀，我的宝贝儿。”门还是没开。儿子又说：“我喜欢你的画，妈妈。”

吉洛特高兴了，她答道：“谢谢！我的心肝，你真是个小天使。”可仍旧不去开门。儿子又说：“妈妈，你画得太美了。”吉洛特停下笔，但没有说话，也没有动。儿子又说：“妈妈，你画得比爸爸好。”

吉洛特的画当然不会比丈夫画得更好，但儿子的话却句句说到了她的心里，她也从儿子那夸大的评价中感到了儿子的迫切心情，所以，最终还是把门打开了。

自命清高者常常是洁身自好的墨客或仕途失意的文人，或者是那些自命不凡、看破红尘的人。这种人文化层次一般都较高，不愿与常人来往，却希望同有才华的人结交。因此要顺利地叩开这种人的大门，最有效的办法就是善于表现自己，设法展示出自己的才华，因其爱“才”便会自开家门。

另外，一个文化层次较高的人到乡下或基层找普通农民或工人办事儿，就不应该装腔作势、满嘴文绉绉的高谈阔论，也不能以“文”交心，以诗会友，而应该放下文人的架子，用老百姓容易接受的话进行沟通和交流，这样才能显得平易近人，与对方没有文化距离和心理距离。对方有了这样的感受，办起事情来才不致产生障碍。

说话的声音要富于魅力

一个人讲话时的声音是否优美动人，跟他受欢迎的程度及社交上的成功密切相关。事实上，没有任何一样东西可以像甜美而有韵律的声音一样，如此真实地反映出一个人良好的教养和高雅的品性。

“如果把我跟一大群人关在一间黑暗的屋子里，”托马斯·希金森说，“我可以根据人们的声音分辨出其中的温文尔雅者。”

当人类的声音经过适当的训练，并得到适当的调控之后，当我们听到一个声音清晰地从喉咙中发出，每一个字都是如此地清澈、简洁、富于韵律，就像从一把圣洁的乐器上弹奏出来的最动听的音符一样，难道我们不感到那是一种真正的愉悦与享受吗？

有一位女士的声音非常清脆圆润、谐和雅丽，不管她到任何地方，只要她一开口说话，所有的人都会洗耳恭听，因为，人们无法抗拒如此富于魅力的声音。那种真纯、爽朗、充满生命活力的声音就像从干裂的地面喷出的一股清泉，在每个人的心头涓涓流淌，恰似生命中最美的音乐。事实上，这位女士的相貌相当普通，甚至可以说是有些丑陋，然而她的声音却是那样的圣洁甜美；它所带来的魅力是不可阻挡的，并且也从某个层面象征着她高雅的素养和迷人的个性。

在社交场合中人们不止一次地听到那种尖声尖气，或是粗声大气的女人声音，让人们感到自己的神经受到了很大的压迫，情绪也会变得无端地烦躁，因而，人们不得不一次又一次地从这种声音中逃离。

纯洁的、和谐的、生气勃勃的声音象征着内在的修养和雅致，每一个音节、每一个字符、每一个句子都得到了如此清晰圆润的表达，它们是那样地抑扬顿挫、那样地高低有致，就像一串抖动在春风中的银铃，有着多么神奇美妙的节奏呵！而且，对绝大多数人来说，只要你愿意，你就可以拥有上帝馈赠给人类的这一神奇礼物；对于女性来说，那就更是如此。

少说对方知之甚少的话题

当我们与陌生人交谈时，如果能根据对方的背景，熟悉的事物进行交谈，就能唤起人们心中强烈的温馨感和怀旧情绪。要是能多谈一些对方熟悉的事情，则能够引起对方的回忆，使其“爱屋及乌”，对自己产生亲切熟悉之感。你要是不知道如何与陌生人交谈，说话时尽说一些对方知之甚少的话题，就只会使两个人更加疏远。

赛珍珠是美国人，在第二次世界大战期间她曾发表过对中国人民的广播演讲，演讲时她说：

“我今天说话不完全站在一个美国人的立场，因为，我也是一个中国人。我一生的大半时间，都消磨在中国。我出生3个月，就被父母带到中国来了。我开口说话的时候，又是先说的中国话。我小时跟着父母并没有住过什么通商大埠。十数年间，我们到的地方是浙江、江苏、江西、湖南、安徽、山东各省的小城市、小村庄，清江浦、镇江、丹阳、岳州、蚌埠、徐州、南宿州……这些地方，是我最熟识的，我最爱的是中国的农田乡村。以后我长大了，又在南京住了17年。我曾亲眼看见南京在几年之内，由一个古旧的城市变成一个新式的首都。

“但是，无论我住在什么地方，我与中国人相处，都亲如同胞。因为小的时候，我的游伴是中国孩子；成人以后，来往的又是中国的朋友们。现在，我人虽已归故国，心中却没有忘掉旧日的朋友。我既在中国长大成人，又在美国住了多年，受了双方的教育，有了双方的经验，我觉得我是属于两个国家的。我可以为两个国家说话。8 年前，我回美国来。美国人对中国人的观念是怎么样呢？非常的好。我一开口说到中国，他们都点头说：'我们喜欢中国人。'"

赛珍珠的演讲深深地打动了中国人的心，作为一个外国人，赛珍珠在演讲中一再提及中国人熟悉的地名，强调自己与中国人的密切关系。对于中国的听众而言，这些熟悉的地方和风土人情，以及自己的种种经历立刻历历在目，此时，听众也似乎成了曾经与演讲者同行的旅伴，国籍带来的界线一下子变得模糊起来，一种亲切感油然而生。

因此，我们与陌生人交谈时要尽量少说一些对方知之甚少的话题，否则，只会使两个人更加疏远。如果能根据对方的背景，多谈一些对方熟悉的事情，则能够勾起对方的回忆，从而使其产生亲切感。

多说“谢、拜、对”之类的话

在与人交谈时，为了提高大家对你的好感，会话时应该多多利用“谢、拜、对”之类的词语，而不要使用“如果……的话”这类词语。因为这样的说法非常具有实用性，它能够拉近你和同事之间的关系，使得人与人之间能够融洽，因此，我们应该经常使用这样的话。

谢、拜、对，也就是谢谢、拜托、对不起这三句话，对于前辈或长辈非常有效果。

而不应该使用的话是：如果……的话。

“如果工作环境更好的话。”

“如果上司把工作交给我的话。”

“如果薪水再高一点的话。”

使用这些充满了否定、不满的言辞，对方不会有所回应。而且如果使用太多次，你的品行也会受到质疑。

与“你提供了非常宝贵的情报，真是谢谢你”，“真对不起，请你教我”，“这件事就拜托你了”这些话比较起来，哪一种才能博得对方的好感呢？相信大家都一目了然。

我尤其希望各位能将“谢谢”以及“拜托”挂在嘴上。如果能随时地由心底说出这两句话，则你的人生75%都会过得很顺利。

因为我们很希望别人对我们说这些话，却很少会主动去向别人说这些话。

从心理方面来说，对方向自己说这些话之后，自己就像是欠了对方人情似的，会想“什么时候该还他”。

你进入一家店，却没有买东西，但是店员却不断地向你说“谢谢光临”时，你一定也会想“下次我去一定要买点东西”。人对于借来的感情非常敏感，因此会想“下次必须在这家店里买些东西，才能够求得平衡”。

到我办公室销售电脑的沃宁先生，就是典型的“谢谢

人”。

当我开口说“这是很畅销的制品”“我从报上知道的”时，他回答我：“非常谢谢你，那么我就长话短说，才不会打扰先生的工作。”

他还会非常诚恳地对我说：“这是我的东西，我当然说很好，先生要不要试用看看呢?”我回答“这个嘛……”的时候，他就会对我说：“非常谢谢你。”

他会引导出我肯定的答案。而对于我否定的拒绝“我们目前的机器够用了”，他也会笑着对我说：“谢谢你。我并不是要你现在考虑是否购买。”

我客气地回答他：“这样啊，那等我有需要时……”

“今天打扰了你宝贵的时间，真的非常谢谢你。”

他始终以“谢谢”来表现他自己。当然，我“不买”的意愿崩溃，而决定购买电脑的意愿就会提高了。

而且这样说出的“谢谢”，会增加我的好感度，因为他并不是为了卖电脑给我而机械化地说“谢谢”。

当然，要产生心理的借贷感情，并不只有“谢谢”这句话，很多行为都可以产生。

例如，当自己很紧张地造访他人时，对方的心情若非常愉快，使得自己也感到很自然，这也会产生一种借贷的感情。如果约好了要和对方见面，而你比预定的时间早去，那么对方就会意识到“我让对方等待”。

在分胜负上也是一样，请各位善用这种心理。

注意社交中的交谈区域

在社交中人们离不开谈话，而交谈是为了沟通思想、交流信息和联络感情。要达到这一目的，首先必须注意谈话的内容，至少要做到“辞能达意”；其次，还必须注意说话声音的轻重，使对方能听得清楚明白，这样，就产生了一个说话时双方应该保持怎样的区域为宜的问题。说话时与对方保持适当距离，并非完全出于对方能否听清的考虑，更存在一个合理适度的问题。

从交际区域礼仪上说，交谈时与对方离得太远，会使其产生你不愿意向他表示友好和亲近的错觉，以为你对谈话内容不重视，敷衍了事，甚至是在厌恶他。这自然是失礼的。但是，日常经验又告诉我们，如果两人交谈位置太近，稍有不慎，就会把口沫溅到别人脸上，这更令人生厌。有人因为说话时喜欢凑得很近，又怕自己的口沫溅出来，就用手捂着，结果形成“交头接耳”的谈话形式。这种猥琐之状，又使对方感到不自在。如果是异性之间，这种形态就更不可取了。

社交专家早就向我们指出，谈话的神态在不同的社交区域空间中的表现形式是不尽相同的。在社交中，人们通常把交谈区域按其形式分为公众区、交流区、亲密区三种，它们反映出三种类型的人际交往。

在公众区域说话：这是一个人同时与几个人说话的形式，说话的对象不固定也不明确，可能是某人在某一场合，就某一问题高谈阔论，也可能是大家兴之所至地随便闲谈。谈话的区域距离很难规定，一般在4到15米左右。它又分近范畴和远范畴。如教师给学生上课、厂长给工人讲话属于近范畴，远的有政治家发表演讲。公众区交流的礼仪是声音响亮，表情尤其是手势语生动明确，精神饱满，能够用眼神与听众交流。

在交际区域说话：这通常是两个人或三四个人之间说话的一种形式，说话的对象是专一的，可能是你的朋友、上司或某个客户。谈的话题大多主题明确，你需要仔细听清对方说话的内容，并随时作出反应。社交距离一般在2至6米之间，使每个人感到自在舒服。在交际区域交流的礼仪是，要特别调动自己的嘴、耳、手和表情，去接纳、感受对方的信息和感情，既做好说者又当好听众。

在亲密区域说话：这大多是两个关系十分亲密的人之间的一种对话形式，谈话对象可能是你的恋人、亲朋好友、父母亲等。谈话内容随意，有些属于隐私，因而“不足为外人道”，是名副其实的“悄悄话”。这种距离一般在1米左右。从礼仪上讲，应避免一些不雅之举，尽量尊重公共环境要求和规范。

注意社交中的交谈区域，根据不同的社交谈话对象有的放矢，使交谈对象感到惬意和自然，这是创造和谐愉快的交往环境的重要前提之一。

不必多言，多言必败

有些人在与他人交谈时，就想要别人赞同他的意见，于是，唠唠叨叨地说个不停，尤其是商店里的售货员，一味对着顾客夸奖自己商品如何价廉物美，使顾客没有插话的余地。售货员热情接待顾客没有错，但是，没完没了地说个没完，就大错特错了。因为，顾客买东西时都怀有选择和挑剔的心理，他们往往对货物越挑剔，就越有购买这种货物的心意。因此，顾客在挑剔货物时，售货员最好不要和顾客争辩，要学会适时闭口。顾客选定以后，自会掏钱来买。

要是售货员不懂得适时闭口，这无异是说顾客没有眼光不识好货，顾客受不了售货员的唠叨，就会到别家去买了，这样，售货员就丢了一笔生意。因此，要切记：在生意场上“不必多言，多言必败”。要学会适时闭嘴。适时闭嘴有时也是优质服务，也是商机，懂得适时闭嘴有时比滔滔不绝更重要。因此，与其自己唠唠叨叨说了一通废话，还不如尽量让顾客多说话，而自己在旁边表示诚心接受，反而会获得意想不到的成功。

曾经有个小国的使者来到中国，进贡了三个一模一样的金人，金碧辉煌，把皇帝高兴坏了。可是，这个小国的使者同时还出了一道题目：这三个金人哪个最有价值？

皇帝想了许多的办法，请来金匠进行检查，称重量，看做工，可都没能区别出来。怎么办？使者还等着回去汇报呢。泱泱大国，不会连这么个小问题都答不出吧？最后，有一位退位的老臣说他有办法。

皇帝将使者请到大殿，老臣胸有成竹地拿出三根稻草，分别插入三个金人的耳朵里。插入第一个金人的稻草从另一边耳朵出来了；第二个金人的稻草从嘴巴里直接掉出来了；而第三个金人，稻草进去后掉进了肚子里，什么响动也没有。老臣说：第三个金人最有价值。使者默默无语，答案正确。

这个故事告诉我们：最有价值的人，不一定是最能说的人。正如一句谚语所说的："沉默是金，语言是银。"老天给我们两只耳朵一个嘴巴，本来就是让我们多听少说的。懂得适时闭嘴，善于倾听才是成熟的人最基本的素质。

但许多人并不懂得这个道理。当自己不同意别人说的话时，往往不待别人说完，就想插嘴。实际上，这样做是不理智的，不但不能使别人放弃自己的主张，来迁就你的意见，而且，还让别人觉得你非常没有礼貌。你想，别人正有许多的话急于说出来，你却插一嘴，这时，他根本就不会注意你想表达的意思。所以，我们必须懂得适时地闭嘴，耐心地听别人把话说完，并且鼓励他把意见完全说出来。

美国某大汽车公司，需要采购车座上的绒垫。当时，有三家商店分别派了一位能言善辩的职员前去推销。其中有两家商店所派的职员极力想把自家的产品的优点说得透彻一点，只有另外一家商店的职员什么也没说，只是把自家的产品拿出来放在汽车公司主任的面前，就站在旁边默不作声了。汽车公司主任见了，就把商品拿起来看了看，并把三家的产品做了一个比较。结果，前面两家商店所派的，善于说话的职员都空着手回去了，后面一家商店的职员尽管没有开口，却做成了这笔买卖。全部订货的总价格竟高达160万美元之多。这笔庞大的生意，是这位推销员毕生所梦想不到的。

这个事例形象地说明：懂得适时闭嘴，不开口的效果反而会胜过多说话。

因此，在与人交谈时要想获得别人的赞同，就要懂得适时地闭嘴，必须自己少开口，让人家多说话！

第二章

赞美口才技巧

赞美别人是处世交际最关键的课程。如果你懂得如何赞美别人，再加上你聪明的脑袋，脚踏实地的精神，就等于事业成功了一半。从很大程度上讲，懂得一些赞美口才技巧，学会称赞他人是事业成功的阶梯，不会赞美，就会处处碰壁。

赞美的话要与人挂上钩

赞美的话是说给人听的，非要与人挂上钩不可。要是忘了这一点，赞美就是无的放矢，毫无实效。当你看到一个人拥有一辆名牌汽车，你会怎样赞美呢？

你会不会轻轻地摸着车子连声说："好车！好车！真漂亮！"如果这样说，可谓还徘徊在"赞美"大门之外，尚未得其门而入，车子再漂亮，那也是生产厂家的功劳，和车主有什么关系？直截了当、毫无特色、只管物品、隔靴搔痒……怎么能起到好的作用呢？

在上述例子中，要是有人说："这车子保养得真好！"说明他注意到了车主的活动，观察能力和思维方式都已入了赞美之门，初窥赞美奥秘了。

当一个推销员到一个客户家里访问，首先会对客户的哪些东西进行赞美？高明的推销员会针对对方的能力大发感慨。如到客户家里拜访，说："这房间布置得真别致，富有特色。"这是在赞赏客户的审美观。同样，对汽车也可以从"独特的"车内装潢进行赞美，这样比仅仅说"保养得好"强很多。同样，对一个女孩子说："这样的衣服穿在你身上，可真是绿叶扶红花！"仍是欣赏对方的眼光。紧紧盯住对方的知识、能力、品味，赞美做到这一步，算是有一定的造诣了。

除了"你很能干！"之类的一般赞赏外，恭维客户的"精明"，向客户"请教"等都是推销员常用的赞美绝招。

推销员赞美客户，就是为了让对方获得"自己很美好"的感觉。一个人的外表有美丑之分，能力有高低之别，这些都是难以求全的。但是一个人的心灵与其外貌、能力没有什么必然关系。明白这一点的推销员，会把赞美的目标转到对方的心灵。

“你的眼睛又清澈又明亮，透过这两扇心灵之窗，我看到了一颗纯洁的心！”

“你开车这么稳，又谨慎，又稳健，太好了！”

“你喜欢储蓄？好啊！谨慎，稳当。”

“你太热心了！”

“真没想到你这么细心！”

当你看到这段文字时，请你想象一下，如果有人对你说这样的话，你会有什么感觉？

美国的一个百科全书推销员是这样做的：当准客户露出一点点购买意向时，他立即把准客户的孩子们叫过来，对他们说：“知道吗？你们的爸爸真好！为了让你们学好知识，现在就开始给你们准备最好的书。你们要记住，你们有一位真心爱你们的好爸爸！”客户被一种神圣的气氛所感染，成交自然是顺理成章的了。

这样的赞美高手，其功力已达到炉火纯青的地步。

赞美别人的话要真诚

要建立良好的人际关系，恰当地赞美别人是必不可少的。事实上，每个人都希望自己的工作受到别人的赞美。他们花了很大的精力，希望从朋友的口里得到赏识。但是，充分理解自己言行的人并不多，而自己也很少评论那些发生在自己周围的、自己所喜欢的言行。这一点着实令人感到奇怪，因为表示赞赏是非常容易的，不需要任何代价，而赞美别人后自己得到的报偿却是多方面的。

有这样一则笑话：

古时有一个说客，当众夸口说："小人虽不才，但极能奉承。平生有一愿，要将1000顶高帽子，戴给我最先遇到的1000个人，现在已送出了999顶，只剩下最后一顶了。"一长者听后摇头说道："我偏不信，你那最后一顶用什么方法也戴不到我的头上。"说客一听，忙拱手道："先生说得极是，不才从南到北，闯了大半辈子，但像先生这样秉性刚直、不喜奉承的人，委实没有！"长者顿时手持胡须，洋洋自得地说："你真算得上是了解我的人啊！"听了这话，那位说客立即哈哈大笑："恭喜恭喜，我这最后一顶帽子刚好送给先生您了。"

这只是一则笑话，却有深刻的寓意。其中除了那位说客的机智外，更包含了人们无法拒绝赞美之辞的道理。之所以如此，最主要的原因便在于赞美他人能满足他们的自我。如果你能以诚挚的敬意和真心实意的赞扬满足一个人的自我，那么，任何人都可能会变得更令人愉快、更通情达理、更乐于协力合作。

美国一位学者这样提醒人们："努力去发现你能对别人加以夸奖的极小事情，寻找你与之交往人的优点——那些你能够赞美的地方，要形成一种每天至少5次真诚地赞美别人的习惯，这样，你与别人的关系将会变得更加和睦。"

赞美别人的闪光点

人人都有自己的长处，即使最普通最平凡的人也绝非“一无是处”，关键在于你是否能够“沙里淘金”“慧眼识珠”。有些人常常埋怨对方没有优点，不知该赞美什么，这正说明了其缺乏发掘闪光点的能力。其不足之处在于，很多人总是以老眼光看人，而不懂得变换视角去发掘、体察这些闪光之处，并对此大做文章。一个赞美别人的人如果不能够做到这一点，就不足以说明他是一个善于赞美的高手。

春节期间，小王住在乡下的大伯带着5岁的小孙子健健到小王家住了两天。健健性格内向，见人不爱说话，时时刻刻跟在大伯身边，特别是和小王的女儿玲玲在一起时，一个显得聪明伶俐，一个显得呆头呆脑，弄得大伯很没面子，骂健健“三脚踢不出一个屁来”。

这天晚饭过后，小王和大伯边聊天边看电视，突然听到客厅里传来玲玲的哭声。两人赶快跑出去看，这才搞明白，原来健健不小心从楼梯上跌了下来，膝盖摔破了，健健忍着泪没哭，倒把在一旁的玲玲吓哭了。大伯见健健惹了祸，上来就骂他没出息不争气，搞得健健也大哭起来。小王见状赶紧劝导大伯，一边劝一边扶起健健，帮他察看伤口。当看到伤口出现一片血红时，小王拍着健健的肩膀啧啧称赞，说：“农村的孩子就是生得结实，经得起摔打，跌得这么重也不哭，连句疼也不喊。这孩子将来肯定有出息，到了社会上能闯荡。你再看我这城市里的女儿，光吓就给吓哭了。”一席话说得大伯心里舒服了许多，赶紧心疼地搂过健健，又是上药又是安慰地忙起来。

在这个故事里，与乡下大伯相比，小王就是一个善于发掘闪光点的赞美高手，他借助一次跌跤事件对两个孩子做出重新评价，从“身体”和“意志”的角度对健健表示由衷的赞叹，使大伯突破表面现象看到了自己孩子的可贵之处，不但心里舒服了，更重要的是燃起了对孩子的希望，使孩子向更高的目标成长。

从细节之处进行赞美

真情需要赞美，而细微之中更容易显现真情，所以，有经验的人常常抓住某人在某方面的行为细节，巧妙赞美和感谢，这样很容易博得对方的好感。这样做是很有道理的。其实对方之所以在细节上投入那么多的心思与精力，一方面说明对方对此有特别的重视或偏爱，另一方面也说明对方渴望这一部分努力能够得到别人的关注与赏识，能够得到应有的报偿与肯定。因此，我们在交际中应善于发现细微处的用意，不失时机地以赞美和感谢来回报对方的良苦用心，这不但会带给对方巨大的心理满足，而且会加深彼此情感沟通和心灵默契。

1960 年，法国总统戴高乐访问美国时，在一次尼克松为他举行的宴会上，尼克松夫人费了很大劲布置了一个美观的鲜花展台，在一张马蹄形的桌子中央，鲜艳夺目的热带鲜花衬托着一个精致的喷泉。精明的戴高乐将军一眼就看出这是主人为了欢迎他而精心设计制作的，不禁脱口称赞道："女主人为举行一次正式的宴会要花很多时间来进行这么漂亮、雅致的计划与布置。"尼克松夫人听了，十分高兴。事后，她说："大多数来访的大人物要么不加注意，要么不屑为此向女主人道谢，而戴高乐总统总是想到和讲到了别人。"

可见，一句简单的赞美他人的话，会带来多么好的反响。

戴高乐身为元首，却能对他人的用意体察入微，这使他成了一位受到格外尊敬的人，也是他外交上获得成功的不可或缺的一面。面对尼克松夫人精心布置的鲜花展台，戴高乐没有像其他大人物那样视而不见，见而不睬，而是即刻领悟到了对方在此投入的苦心，并及时地对这一片苦心表示了特别的肯定与感谢。戴高乐赞美的言语虽然简短，但很明显，很明确，尼克松夫人获得了深深的感动。

多给予对方肯定性的赞美

在工作中恰到好处地赞美合作者所付出的才智、汗水、努力和作用，会使对方感到自己在工作中的价值被肯定，获得心理上的满足。显然，这种肯定性的赞美将会极大地鼓舞对方的工作积极性，并使合作双方的关系更融洽。

1972年，美国总统尼克松访华，国务卿罗杰斯陪同。他们来到上海，下榻在锦江饭店。

有一天，周总理到饭店看望罗杰斯，一见面，周总理就礼貌地伸出手来："罗杰斯先生，您好！"罗杰斯握住周总理的手，很恭敬地说："总理先生，您好！"

周总理说："国务卿先生，我受毛泽东主席的委托来看望您及各位先生。"接着说，"这次中美两国打开大门，是得到罗杰斯先生主持的国务院大力支持的。这几年，你们国务院做了大量工作。我尤其记得，当我国邀请贵国乒乓球队访华时，贵国驻日使馆就英明地开了绿灯，说明你们的外交官很有见地。"

罗杰斯听后，笑着说："总理先生也很英明，我真佩服你想出邀请我国乒乓球队这一招，太漂亮了！一下子就把两国疏远的距离拉近了！"这样一下子使气氛活跃起来。

在这个事例中，风云人物周总理和罗杰斯显然都深谙赞美之道。在中美恢复正常外交关系之际，双方都主动赞美对方对这一历史性的功绩所付出的才智与努力，使双方的关系显得更为融洽了。

以自己的普通凸显对方的高明

人都有"好为人师"的自大心理，所以，在许多时候以低姿态，有针对性地去请教他人，以自己的普通凸显对方在某方面的高明或优势。可以起到赞美他人的作用。恰到好处地使用此种方式，既成功地赞美了别人，又能给人留下为人虚心好学、进步的好印象。

有位朋友金文，认识许多学术界的泰斗，并常常得到他们的指点。他们之间的相识，也是缘于赞美运用得得法。因为有很多人也曾拜访过这些大师，但往往谈不几句便无话可说，很快被“赶”了出来，而金文竟成为大师们的座上客，其中自有奥秘。准备在学术领域有所建树的金文，自然也很仰慕这些大师。他得知拜访这些人不易，在每次拜访一位第一次见面的专家时，他先将这个人的专著或特长仔细研究一番，并写下自己的心得。见面之后，先赞扬其专著和其学术成果，并提出自己的想法。由于他谈的正是大师毕生致力于其中的领域，自然也就激起大师的兴趣，并有了共同话题。于谈话中，金文又提出自己不理解的地方，请求大师指点，在兴奋之际大师自然不吝赐教，于是金文既达到了结交的目的，又增长了许多见识，并解决了心中存在的疑惑，可谓一举多得。

此例中，金文就在有求于人时，巧妙地运用了请教式赞美方式。他所请教的，正是对方引以为自豪，并最感兴趣的，自然使对方高兴，使其心理得到满足，此时，金文的问题也就不成为问题了。当然，这个例子，只是生活中的一个方面，如果运用恰当，在生活的方方面面，都能行得通。

寓鼓励于赞美之中

不是任何赞美都会产生正面效应，任何事情都要有个“度”。对学生、下属、晚辈等表示赞美，如过分使用溢美之词则可能会助长对方骄傲、自满、浮躁的情绪，不利于对方学习、工作、做人等方面的进一步发展。

如一位母亲赞美孩子：“你是一个好孩子，你这种刻苦的精神让我很感动。”这种话就很有分寸，不会使孩子骄傲。但如果这位母亲说：“你真是一个天才，在我看到的小孩中，没有一个人赶得上你的。”那就会使孩子骄傲，把孩子引入歧途。

这就要求我们在赞美这类人时应当把握好分寸，适可而止。少一些华丽的不切实际的溢美之词，多一些实实在在的引导、肯定和鼓励，既满足对方自我价值实现的心理，又令其感受到肩上的责任和期冀，从而更加懂得上进。

丰子恺考入浙一师后，李叔同教他图画课。在教木炭模型写生时，李叔同先给大家示范，画好后，把画贴在黑板上，多数学生都照着黑板上的示范画临摹起来，只有丰子恺和少数几个同学依照李叔同的做法直接从石膏上写生。李叔同注意到了丰子恺的颖悟。一次，李叔同以和气的口吻对丰子恺说：“你的图画进步很快，我在南京和杭州两处教课，没有见过像你这样进步快速的学生。你以后，可以……”李叔同没有紧接着说下去，观察了一下丰子恺的反应。此时，丰子恺不只为老师的赞扬感到欢欣鼓舞，更意识到在老师没有说出的话当中包含着对他前程的殷切希望。于是，丰子恺说："谢谢！谢谢先生！我一定不辜负先生的期望！"

李叔同对丰子恺的赞扬，激励他走上了艺术生涯。丰子恺后来说："当晚李先生的几句话，确定了我的一生……这一晚，是我一生中的一个重要关口，因为从这晚起，我打定主意，专门学画，把一生奉献给艺术。几十年来一直没有变。"

将鼓励寓于赞美之中，一定要注意赞美须具体、深入、细致。

抽象的东西往往很难确定它的范围，难以给人留下深刻印象；而美的东西应该是看得见、摸得着的，感受得到的，像前面的母亲夸孩子刻苦，很具体。如果要称赞某人是个好推销员，可以说"老王有一点非常难得，就是无论给他多少货，只要他肯接，就绝不会延期"。所谓深入、细致就是在赞美别人的时候，要挖掘对方不太显著的、处在萌芽状态的优点。因为这样更能发掘对方的潜质，增加对方的价值感，赞美所起的作用更大。

善于说好祝贺的话

祝贺是人际交往中常用的一种形式，一般是指对社会生活中有喜庆意义的人或事表示良好的祝愿和热烈的庆贺。通过祝贺表示你对对方的理解、支持、关心、鼓励和祝愿，以抒发情怀，增进感情。

祝贺语从语言表达形式看可以分为祝词和贺词两大类。

祝词是指对尚未实现的活动、事件、功业表示良好的祝愿和祝福之意。比如重大工程开工、会议开幕、展览会剪彩要致祝词；前辈、师长过生日要致祝寿词；参加酒宴要致祝词，等等。

贺词是指对于已经完成的事件、业绩表示庆贺的祝颂。比如毕业典礼上，校长对毕业生致贺词；婚礼上亲朋好友对新郎、新娘致贺词；对于同事、朋友取得重大成就或获得荣誉、奖励致贺词，等等。

祝贺要注意以下几点：

1. 祝贺要适合场景

一般说，祝贺总是针对喜庆意义的事的，因此，不应说不吉利的话和使人伤心不快的话，应讲一些喜庆、吉祥、欢快的话，使人快慰和感奋的话。如言辞与情绪不合场景，就必定要碰壁。

> 鲁迅在散文《立论》中讲到这样一个故事：一家人家生了个男孩，合家高兴透顶。满月的时候，抱出来给人们看，自然是想得到一点好兆头，客人们众说纷纭。一个说，这孩子将来会发大财的；一个说，这孩子是要做大官的。他们都得到了主人的感谢。只有一个人说："这孩子将来是要死的。"虽然他说的是必然，但还是遭到大家一顿痛打。

从讲话艺术的角度看，案例中那个人不顾当时的特定情景，讲了一些不合时宜的话，遭到大家的痛殴，这是他活该。

2. 祝贺时感情要真挚

祝贺的语言要富有感情色彩，语气、表情、姿态等都要有情感性。这样才会有较强的鼓动性与感染力，才能达到抒发感情，增进友谊的目的。

周恩来同志庆贺朱德六十大寿的祝词，一开始就洋溢着炽热的同志、战友情谊：

> 您的六十大寿，是全党的喜事，是中国人的光荣！
>
> 我能回到延安亲自向您祝寿，使我万分高兴。我愿代表那反动统治区千千万万见不到您的同志、朋友和人民向您祝寿，这对我更是无上荣幸。
>
> 亲爱的总司令，您几十年的奋斗，已使举世人民公认您是中华民族的救星，劳动群众的先驱，人民军队的创造者和领导者。
>
> 亲爱的总司令，您为党为人民真是忠贞不贰，您在革命过程中，经历了艰难曲折，千辛万苦，但您永远高举革命的火炬，照耀着光明的前途，使千千万万的人民，能够跟随着您充满信心向前迈进！

3. 祝贺词要简洁，有概括性

祝贺词可以事先做些准备，但多数是针对现场实际，有感而发，讲完即止，切忌旁征博引，东拉西扯。语言要明快热情、简洁有力，才能产生强烈的感染力。

有些祝词、贺词要进行由此及彼的联想，因景生情的发挥，但必须紧扣中心，点到为止，给听众留下咀嚼回味的余地。比如：

某人主持婚礼。新郎是畜牧场技术人员，新娘是纺织厂女工。婚礼一开始，他上前致贺词：

“我今天接受爱神丘比特的委托，为今天的牛郎织女主持婚礼，十分荣幸。”

新郎新娘交换礼物。新郎为新娘戴上金戒指，新娘送给新郎英纳格手表。这时，主持人又上前致辞说：

“黄金虽然贵重，不及新郎新娘金子般的心；英纳格手表虽然走时准确，也不及新郎新娘心心相印永记心间。”

他的即兴婚礼贺词，得体而又热情，简洁而又明快，博得了一阵热烈的掌声。

说好恭维话的技巧

每个人都有喜欢被别人恭维的心理，即使那些平时说讨厌恭维的人其实内心也是喜欢听恭维话的。最重要的是，你的恭维话要说得巧妙，不显山露水，不露丝毫痕迹，恰到好处，被恭维的人就会怡然自得了。

在这个社会上，会说恭维话的人，肯定比较吃香，办事顺利，人缘上好。当一个人听到别人的恭维话时，心中总是非常高兴，脸上堆满笑容，口里连说：“哪里，我没那么好！”“你真是很会说话！”即使事后冷静地回想，明知对方所讲的是恭维话，却还是没法抹去心中的那份喜悦。

1. 恭维要投其所好

使用恭维术最主要的是必须了解对方的嗜好、习性，乃至脾气和情感，抓住对方的心理弱点，选用对方真正感兴趣的事情进行恭维，使对方感到非常合乎心意，这样才能取得最好的效果。

袁世凯窃取了中华民国临时大总统的权力后，每天做着皇帝梦。有一次，袁世凯正在睡觉。一位侍婢正好端来参汤，准备供袁世凯醒后进补，谁知不慎将一只珍贵的玉碗打翻在地。婢女自知大祸临头，正当她准备自尽之时，袁世凯醒了，他一看见玉碗被打碎，气得脸色发紫。

侍婢灵机一动，抢在袁世凯爆发前说："小人端参汤进来，看见床上……床上……床上躺着一条五爪大金龙！因而失手打翻玉碗，请老爷恕罪。"

袁世凯一听，以为自己是真龙转世，要登上梦寐以求的皇帝宝座了，顿时，一股喜流从心中涌起，怒气全消了，开心地赏了婢女一些钱财压惊。

深谙袁世凯做梦都想称帝的婢女在生死存亡关头，通过一句恭维妙语，不仅免了杀身之罪，还得了奖赏。

2. 恭维要逢迎其长

我们经常在一些商场遇到这样一些情形：开始营业员同顾客在质量、样式或价格上争论得很厉害，但后来，营业员改变了战术，突然转而夸奖顾客在谈论商品方面的丰富知识经验，说："先生看起来是一个特别懂行的人，我真得好好问问，请教请教！""即使你不买这件衣服，我的收获也很大！"说来也奇怪，对方被这么一夸奖，一恭维，反而心中不安，讨价还价的事也忘在了脑后。甚至还有些顾客，营业员一抬举他，他就感到不买下商品就对不住营业员似的，你说怪不怪？

3. 恭维要圆滑巧妙

最妙的恭维是不露痕迹，不让人看出你是别有用心“拍马屁”，既抬高了别人又不贬低自己。

南朝有个著名的书画家叫王僧虔，是晋代王羲之的四世族孙，他的行书、楷书继承祖法，造诣很深，一手隶书也写得如行云流水般飘逸；

当朝皇上齐高帝萧道成也是一个翰墨高手，而且自命不凡，不乐意听别人说自己的书法水平比臣子差，王僧虔因此很受拘束，不敢显露才能。

一天，齐高帝提出要和王僧虔比试书法水平高低。

于是，君臣二人都认真写完了一幅字。写毕，齐高帝傲然问王僧虔：“你说，谁为第一，谁为第二？”

若一般臣子，当然立即回答说：“陛下第一”或“臣不如也”；但王僧虔也不愿贬低自己，明明自己的书法水平高于皇帝，为什么要作违心的回答呢？但他不敢得罪皇帝，怎么办？王僧虔眼珠子一转，竟说出一句流传千古的绝妙答词：“臣书，臣中第一；陛下书，帝中第一。”

他巧妙地把臣子与帝的书法比赛分为两组，即“臣组”和“帝组”，并对之加以评比，既给皇帝戴了一顶高帽子，说他的书法是“皇帝中的第一”，满足了皇帝的冠军欲，又维护了他自己的荣誉和品格，使皇帝更敬重他的风骨，觉得他不是那种专门拍马屁的家伙。

果真，齐高帝听了，哈哈大笑，也不再追问两人到底谁为第一了。

4. 恭维要因人而异

世人都喜欢恭维，恭维应根据每个人的特点，用不同的方式，讲不同的恭维话。比如男士就不宜过多地恭维女士的相貌。对青年客户恭维他的创造才能和开拓精神，对老年客户恭维他的身体健康、富有经验就比较合适。对于商人，如果你夸他道德高尚，学问出众，清廉自持，他一定无动于衷，不屑一顾。如果你说他才能出众，头脑聪明，手腕灵活，生财有道，脸泛红光，必定发大财，他听了一定高兴。对于官吏，你如果说他生财有道，日进斗金，他一定不高兴，你应该说他为国为民、一身清正，他才听了高兴。对于文人，你如果说，学有根底，笔上生花，思想正确，宁静淡泊，他听了一定高兴。看他做什么职业，你说什么恭维话，这样才显得你是一个会说话的人。生活中，我们许多人不善于恭维，常常弄巧成拙。

法国作家大仲马，一次到全国最大的书店了解售书情况。书店老板知道这个消息后，决定为著名的作家做件高兴的事，于是在所有的书架上，他只摆放大仲马的书。

当大仲马走进书店后发现只有自己的书时，大吃一惊：“别人的书在哪里？”

“别人的书？我们已经卖完了。”

显然，这位书店老板不会恭维，拍马屁拍到了马蹄上。

总之，恭维话有人爱听，你对人所说的恭维话，如果恰如其分适合其人，他一定十分高兴，对你便有好感。最奇怪的现象是，越傲慢的人，越爱听恭维话，越喜欢接受别人的恭维。有的人义正词严，口口声声愿听批评，其实这只是他的门面话，你如果信以为真，毫不客气地率直批评他的缺点，他心里一定老大不高兴。表面上虽然未必有所表示，内心却是心有芥蒂，对于你的印象分，只有降低，绝不会增加。

第三章 幽默口才技巧

幽默是极易接近感情的热线，它像春风一样，使愉悦充满两人的交际场中，表达着你的真诚和温情。幽默宛如一座桥梁，是沟通人心灵的桥梁。善用幽默口才技巧者最有人情味，与这样的人相处，每个人都会感到快乐。

从生活中提炼幽默语言

幽默是日常语言中一种很巧妙的艺术，它妙就妙在深入浅出，自然组合，使原本无意的话变得高雅含蓄而富有情趣。

不知你是否有过这样的感觉，当你问某人话的时候，他的回答与你的提问毫不相干，且又充满着幽默，弄得你啼笑皆非。

这就是答非所问的幽默法。不过，使用这种幽默时要适度得当，任意地把一些毫无意义的语句拿来拼凑笑料，不是什么好现象。

假如在交谈中，有意识地答错对方所提出的问题，并由于你的回答所带来的幽默感既风趣又无恶意，是可以收到很好的诙谐效果的。

有一次涂程出差在外，但心里总是惦记着家中的妻子，于是，涂程挂了一个长途回家，当他听到妻子接电话的声音就迫不及待地问："老婆，你现在在做什么？"妻子说："我在和你通电话。"

涂程妻子这种答非所问的幽默感，给了涂程一个出门在外的好心情，办起事来也顺当多了。

其实，答非所问只是幽默的一种，而你的表情、手势、声音等，都可以作为增进幽默感的一种工具。

假如我们在日常生活中善于制造这样的幽默，那么，与人交流起来就会轻松得多。

下面几个实例是日常生活中几种常见的幽默方式。

1. 诙谐机灵

希区柯克是一位著名的电影导演，有一次，他在一部作品中起用了一个大明星来担任女主角。

这位明星为了将自己身体的最美部分得到充分展示，便一再暗示希区柯克，希望调整好摄影机的角度，拍摄到她的“最美的一面”。

很显然，她的这个要求不符合希区柯克的拍摄要求。于是，他佯装不解地对那位明星说：“很抱歉，我做不到！因为你压在椅子上的正是‘最美的一面’。”

希区柯克故意把“最美的一面”理解为屁股，用错误理解话意的幽默法，逗得全场人大笑，弄得那位大明星也不好再胡搅蛮缠地一定要不顾影片需要去拍摄她什么“最美的一面”了。

我国有一位红遍大江南北的男演员，名叫葛优，相信你对他不俗的表演不会没有印象。

他的模样也是那种让人想起来就会笑的怪样子。

有人介绍他时用的是这样的语言：“燕京饭店附近有一座高楼，其中一套住着一个前额上‘广阔天地大有作为’的小子，他叫葛优。”

用这样的语言来介绍葛优，你想想，哪个观众不会由这句“广阔天地大有作为”的语录转移到葛优的长相上而叫绝，由葛优的喜剧表演才能而联想到他日后的似锦前程呢?

这些寓庄于谐的例子真是妙不可言，它给予人们内含深意的幽默情趣，又让人们在笑声中感悟到“一石二鸟”的蕴涵。

2. 含蓄深刻

幽默讲求的是一种寓深远于平淡，藏锋芒于微笑的表达方式。

尖锐深刻的言辞人们大都避免使用。但是，在某些特殊的情况下，它也可以以犀利的言辞现出其锋芒，使人们产生会心的大笑。

幽默大师马克·吐温有一个很著名的幽默笑话，你看过之后就会心服口服地承认他不愧为幽默大师了。

有一天，马克·吐温去拜访一位名叫波盖的法国人，交谈之中，波盖用一种很不屑的口吻取笑起美国短暂的历史来。

他说："美国人无事的时候，往往爱想念他的祖宗，可是一想到他的祖父那一代，便不能不停止了。"

听了这话，马克·吐温心里自然不是滋味，但是，他并没有想过要以什么尖锐的语言去反击波盖，而是用蕴含深刻且风趣的语句回敬道："当法国人无事的时候，总是尽力想找出究竟谁是他的父亲。"

由此看来，幽默并不是只可取笑逗乐，而是可以赋予穿透力，对那些卑微可笑的言谈予以痛击的武器。

当然，痛击绝不是破口大骂，否则，就不叫幽默了。

3. 温和亲切

幽默有三个阶梯，上了第一个阶梯的人，是听别人说笑话的时候会发笑，这种人具有了最初层次的幽默感；上了第二个阶梯的人是自己能够来一点幽默，使别人听了他说话后感到好笑，这种人就具有了不错的幽默感；上了第三个阶梯的人则是能够拿自己来幽默一番——自嘲，这种人就达到了高品位的幽默。

由此可见，幽默本身没有贫富贵贱之分，极富平等和充满人情味的风趣言谈是幽默的一个很重要的特征。

美国第16届总统林肯的五官长得很对不起观众，他自己无论在什么场合下，也总是很坦诚地承认这一点，并没有因为自己长得难看而失去半点自信。

有一次，道格拉斯在与他辩论时指责他是两面派，林肯在回答道格拉斯说："现在，请听众来评评看，如果我还有另一副面孔的话，我会戴着现在的这副面孔吗?"

结果引起了全场听众的大笑和掌声，道格拉斯的指责在一片笑声中很自然地变得荒谬无理了。

一个厨师看了某位作家的作品后，发表了一些不同的看法。作家心里很不悦，对那位厨师说："你没从事过写作，因此，你无权对我的作品提出批评。"

谁知厨师用一句让人听后忍俊不禁的幽默语句回答说："哦，我这辈子没有下过一个蛋，可我能尝出炒鸡蛋的味道如何，母鸡能吗?"

幽默不分贫富贵贱，它总归是有一定道理的。

说实在话，具有幽默才能的人确实值得人们佩服和羡慕，它不仅带给人们欢笑，更主要的是可以使人们在欢笑声中顿悟出内中的含义和哲理。

用幽默调剂家庭气氛

在社会生活中，幽默是无处不在的，如果你善于灵活运用，必将为你的生活带来无穷的乐趣，家庭生活亦是如此。

在家庭生活中，难保没有一点矛盾，再好的夫妻也不能保证一辈子不发生一点小摩擦，尤其是当夫妻俩的工作都很紧张，或是有一方在外面遇到不顺心的事情的时候。

然而，当这种情况在不同的家庭发生时，结果却是完全不一样的。有的夫妻谁也不让谁，由此而爆发一场家庭战争。有的家庭则有一方采取谦让的态度，使可能发生的争吵烟消云散。还有的家庭，谦让的一方由于用了诙谐幽默的语言，使得本该传出叫骂打闹声的屋子里传来笑声一片。

有一次，沈美娟急着外出听课，忙得连家中的煤炉也未封好就匆匆走了。待她听完课回到家时，天已经很晚了。丈夫回家后，见家中火熄锅冷，便气不打一处来，张口就骂："在家就像个活死人，连火也看不住！"

沈美娟没有反唇相讥，而是一脸温和地微笑道："你火什么？火再大，也点不着炉子。"

一句话，使丈夫的脸色立即多云转晴。

这便是幽默在家庭生活中所发挥的奇妙作用。

在现代生活里，已经有越来越多的家庭在学习运用幽默的语言对话，来调剂家庭气氛，融洽夫妻关系和提高生活质量。

有一对夫妻，平时两人都在外面紧张地工作，只有星期天才能处理家务。有一个星期天，当妻子对丈夫说"床单脏了该洗洗了"。丈夫笑着说："还有很多事情要做，床单就别洗了，翻过来再用一周。"妻子听了苦笑道："你算是懒到家了，这床单我已经翻过来用了一周。"

有一对刚刚举行完婚礼的新婚夫妇，当客人们全部离去后，新娘对新郎说："从今往后，咱们俩谁也不兴说'我的'了，而要说'我们的，"新郎为了不扫新娘的兴，便含笑答应了。

新郎去洗澡，很久没有出来，于是，新娘问："你在干什么呢?”新郎在里面回答说:“亲爱的,我在刮我们的胡子呢。”

有一对夫妇一道去参观油画展览,当他们面对一张仅用几片树叶遮掩的裸女画时,丈夫的眼睛盯着画面看得入神,半晌也没有离开的意思。做妻子的见此情景,有些醋意地斜视着丈夫说:“喂,你是不是想站到秋天,等树叶全部落尽了才甘心呢?”

一句话,说得丈夫讪讪的,很不好意思地牵着妻子的手赶快离去。

还有一对幽默得很上档次的夫妻:

有一天,夫妻二人争吵了几句,谁也不好意思先开口说话。可是,做丈夫的爱睡懒觉,每天都要妻子喊他起床。于是,他在床头留了张纸条,上面写着:

亲爱的,请在明天上午七时叫醒我。你的丈夫

第二天,当他一觉醒来时,已经是上午八点钟了。他有些恼火正想发牢骚,突然发现枕边放着一张纸条,上面写着:

亲爱的,快醒醒,七点钟了!你的妻子

于是,夫妻俩的眼睛一对视,然后,哈哈哈地大笑起来。

幽默的夫妻笑口常开,幽默的家庭和睦常在。在一个轻松和谐的家庭中生活的人,心情会开朗,心胸会豁达,对生活会充满信心。

自嘲也是一种幽默

在一次盛大的招待宴会上，服务生倒酒时，不慎将酒洒到了坐在边上的一位宾客那光亮的秃头上。服务生吓得不知所措，在场的人目瞪口呆。而这位宾客却微笑着说：

“嗨，你以为这种治疗方法会有效吗?”

宴会上的人闻声大笑，尴尬场面即刻打破了。

借助“自嘲”，这位宾客既展示了自己的大度胸怀，又维护了自我尊严，消除了挫折感。

社交中，当你陷入尴尬境地时，借助“自嘲”往往能使你从中体面地脱身。

我们常说“自嘲”，顾名思义就是自己嘲讽自己，它也是一个人心境太平的表现，往往是非常机智和豁达的人才能偶然为之。每个人都喜欢被人赞美，不喜欢被人嘲讽。但是社交高手懂得，“自嘲”能体现一种潇洒的情态和人生的智慧。它能制造宽松和谐的交谈气氛，能使自己活得轻松洒脱，使人感到你的可爱和人情味，从而改变对你的看法。在现实生活中，适时适度地“自嘲”往往会收到妙趣横生、意味深长的效果。

抗战胜利后，张大千要从上海返回四川老家，行前好友为他设宴饯行，并特邀梅兰芳等人作陪。宴会开始，大家请张大千坐首座。张大千风趣地说：“梅先生是君子，应坐首座；我是小人，应陪末座。”

梅兰芳和众人听了都不解其意。于是张大千解释说：

“不是有句话讲‘君子动口，小人动手’吗？梅先生唱戏是动口，我作画是动手，我理该请梅先生坐首座。”

满堂来宾听后为之大笑，并请两个人并排坐了首座。

张大千自称为“小人”，看似自贬，实则“醉翁之意不在酒”，它表现了张大千的豁达胸怀和谦虚美德，又制造了宽松和谐的交谈氛围。

可见，适时适度地“自嘲”，是不失为人的一种良好修养，也是一种充满魅力的交际技巧，有时能更有效地维护自尊，建立起新的心理平衡。然而，以玩世不恭的态度，或不分时间、场合地滥用“自嘲”，或含沙射影、指桑骂槐地“自嘲”是万万不可取的。

把叫人气愤的事说得令人发笑

生活离不开笑声，这是毫无疑义的。

但是，你千万不要以为幽默的才能很难获得，或者以为幽默就是说笑话，而说笑话的模式就是时间、人物、地点皆有的令人发笑的小故事。

其实，幽默更多的是简洁的俏皮话，诙谐的双关语，风趣的警句等，它们就地取材顺手拈来，不露痕迹地将“笑”潜于事物的深层，使人们在笑声中得到心灵的充实，达到一个较高的人生境界。

一位年轻的画家拜访德国著名画家阿道夫·门采尔时，很不服气地发牢骚说：“我真不明白，为什么我画一幅画只要一天工夫，可是卖出去却要花整整一年。”

“请倒过来试试吧，亲爱的。”门采尔听了他的话后严肃地说："要是你花一年的工夫去画它，那么，只要一天的工夫，就准能卖掉它。"

门采尔这一句幽默的话，是不是有言外之意呢？

在饭店里吃饭时。一位顾客突然发现菜中有一条虫，这是最叫人恶心的事情。

然而，这位顾客却面带微笑地对服务员说："向贵店提个建议可以吗？请你们以后将菜与虫子分盘放置，有喜欢吃虫子的人可自行将虫子放进自己的盘子，是不是更妥？"

你想想，如果换句话说："怎么搞的？难道你们眼睛瞎了？就这样对付顾客？"效果会怎样？

能够把叫人气愤的事说得令人发笑，幽默算是到家了。

犹太诗人海涅，有时会受到一些人的无理诽谤。有一次，有个人对他不无恶意地说："我在旅行中发现了一个小岛，你猜猜看，在这个小岛上什么现象使我最惊奇？那就是小岛上竟没有犹太人和驴子。"海涅白了此人一眼，然后若无其事地说："如果真是这样，那只要我和你一块到小岛上去一趟。就可以弥补这个缺陷了。"

你说，海涅的对答是不是洒脱自如，绝妙有趣呢？

苏东坡是我们大家都熟悉的宋代文学家。有一次，他到一位朋友家喝酒，被邀请的还有另外一位客人。

桌上除了酒菜之外，还有一盘红烧麻雀。那位客人一连吃了三只；见盘子里只剩一只了，这才请苏东坡吃。

苏东坡却很客气地说："还是你吃吧，免得它们散了伙。"

你看，苏东坡仅用一句幽默语，就巧妙地将那位不顾旁人，贪吃的客人讽刺了一下。

以幽默的语言化解窘境

在日常的交际活动中，常常会遇到一些别有用心者的刁难，使我们陷入窘迫的境地。这时候，我们该注意哪些问题？

总的原则是首先要保持情绪上的冷静、镇定，明辨事理，说话得体，该直言不讳的，不能含糊其辞；该巧妙回答的，就要语出惊人，语意深长；该含糊的也不能直言不讳；该沉默的就沉默……总之，从实际出发，看情况而定，对症下药。

但有一点要特别注意：当有人存心刁难或羞辱你，并使你的感情受到伤害的时候，你千万不要只顾气愤，动怒发火，不要硬着头皮去硬顶。那样会落入他的圈套，扩大事态，于己更为不利；你也不能张口结舌，或满脸羞红，那样会使对方觉得你软弱可欺，很可能会变本加厉地嘲弄你。唯一的办法是：头脑冷静，控制情绪，迅速开动脑筋，调整思维，运用语言的艺术，特别是以急中生智的幽默的方式去对付。也许，对方使你感到为难和窘迫并非一定是出于恶意，许多正常的交往也会使人面临难题和威胁。不论是哪种情况，都要坚持总的原则：说话恰当得体，因势制宜。

把握分寸，运用下列方法可帮助你摆脱窘境。

1. 巧妙闪避，超脱自如

有些问题很难说准确和做结论，直言相告可能会令人难以接受。碰到这类问题时，不要拘泥于正面解答，而要说一些与此相关的事物来引导对方深思，或是借取比喻、假设、移花接木等方式，含蓄作答，略加暗示。这样，既不脱离所提出的问题，使对方满意；又可巧妙地避开疑难之处，超脱自如，对方也不会失望。

2. 含糊其辞，不置可否

在某些场合，尤其是社交和外交场合，对于某些难以回答而又不好回避的问题，你可以含糊其辞，模棱两可，作隐晦笼统的回答，如，“可能是这样”“我也不太了解”，等等。有时候也可用体态语言略有表示，以便有所回应，又避免明确表态。既摆脱了对方的纠缠，又给自己留下了回旋的余地。

3. 装聋作哑，令对方无可奈何

在某种钩心斗角的场合，如果处境不利而又无计可施，什么也不能表示，那就索性装聋作哑，避免落入对方设计的圈套，更加被动。

1945 年 7 月，苏、美、英三国首脑在波茨坦会谈。一次休息时，美国总统杜鲁门有意对斯大林透露：美国已研制出一种威力极大的炸弹，即暗示美国已拥有原子弹。这时，丘吉尔也两眼死盯着斯大林的面孔，观察反应。而斯大林好像什么都没听见，未显露出丝毫异常的表情。其实，他听得很清楚，当然，也听出了杜鲁门的弦外之音，内心焦灼。会后，他告诉莫洛托夫：“加快我们的研制进度。”一个人面临这种窘境，拿腔作调反而会暴露缺点，还不如装聋作哑，暗中使劲。

有意思的是，后来丘吉尔也用了这样的“战术”。1953 年 6 月，年已 79 岁的丘吉尔参加百慕大的英、美、法三国首脑会议。他为了回避某些难题，就借口年事已高，装作没听见，不予回答；而他在感兴趣的问题上，就与美、法两方讨价还价，一点也不聋了。他这种时而聋哑、时而正常的做法使与会者颇感头痛。美国总统艾森威尔曾幽默地说："真没办法，装聋作哑成为这位大演讲家的新式防卫武器了。"

4. 直言不讳，化被动为主动

赫尔岑是著名的作家，有一次应邀去参加一个音乐会。可是，音乐会的节目演出不久，他就厌烦地用双手捂着耳朵，打起瞌睡来。女主人见他这样感到奇怪，推了他一下，问："先生，你不喜欢音乐吗？"

他摇了摇头："这种低级轻佻的音乐有什么好听的？"

"啊？"女主人惊叫起来，"你说什么？这里演奏的都是流行乐曲呀！"

"难道流行的东西就是高尚的吗？"

女主人反问："不高尚的东西怎么会流行呢？"

赫尔岑笑道："那么，流行感冒也是高尚的吗？"

面对女主人错误的论断，赫尔岑使用了归谬法这个逻辑武器，直言不讳地一语道破，不含糊，也不回避，反驳简洁有力，言之有据，因为他主旨明确。

假如朋友或同事在公开场合责备你，而情况又不属实，一定使人难堪；你可以心平气和地直言："我们是否私下谈谈这个问题？我要求你把情况搞清楚了再说话。如果你不注意尊重事实，那我以后很难再信赖你。"倘若是你的亲友无故责怪你，你就明确地说："你已经让我难堪了，但你总该告诉我这都是为了什么缘故吧？我什么地方把你得罪了？"当然，假若做错了什么事，哪怕不是有意的，也要诚恳道歉。

5. 随机应变，化险为夷

一位有名的演讲家某次作演讲，听众精力不集中，他为了吸引注意，开口说道：“男人，像大拇指（做手势）；女人，像小指头儿……”这下子，全场哗然，女听众们强烈地反对他的比喻。怎么办？他立刻补充说：“女士们，人的大拇指粗壮有力，而小手指却纤细、灵巧、可爱，不知哪位女士愿意颠倒过来？”

一句话平息了女听众的愤怒，一个个相视而笑，心悦诚服了。

要会说风趣、幽默话

与人说话能够做到口若悬河，谈笑风生，当然受人欢迎。在生活中多说一些风趣、幽默的话，不仅可以解除生活和情绪上的压力，还可以表现出一种运用语言的机智和为人处世的圆滑。特别是在一些具有一定娱乐性的公众场合，多说一些风趣的话，更能给大家带来欢笑。但是，做任何事情都应该掌握分寸。在娱乐性场合说风趣的话，也有几点值得特别注意。

1. 调侃要适度

侃，必须具备较高的艺术性。一般要求在短暂的时间内，用最简洁、最艺术的语言，把主要情况介绍清楚，把听众情绪调动起来，可是，有些人不是这样，他们往旁边一站，好像不是在与人调侃，而在表演单口相声；有的话离题千里，把听众的耐心都侃没了。

2. 要乐，莫乐过头

要造成欢乐气氛，这是常理，所以说话人一站出来，大都是精神饱满，神采飞扬，笑嘻嘻、乐呵呵的，这是要运用自己的欢乐神态去感染听众。可是，有些人似乎对这种“乐”的作用不太清楚，不懂得它应当产生的效应。因此，未在“逗人笑”上下功夫，只是自己笑得合不拢嘴，甚至又是弯腰又是低头，可听众并未见到笑料，总是笑不起来，自然没有笑声，也没有掌声了，这样自娱自乐，就有点过头了。

3. 说话要有趣味

人们说话，各有各的风格或特色。可以亲切感人，可以稳重深沉，可以随和潇洒，可以幽默风趣。必须根据环境，做到恰如其分。有些人为了追求滑稽，穿着不伦不类，语言胡编乱造，甚至做些很不雅观的动作，跟小丑演戏差不多，听众想笑笑不起来，只好摇头叹息！这样的幽默似乎变味了。说话没有趣味，听众是不喜欢的，这样的人只会给人华而不实的感觉。

4. 抢话要适时有度

有些活动场合，说话人很多，这就有个抢话说的问题。有时话抢得好，可以扣住听众的心弦，产生强烈的吸引力和感染力。但是，在生活中，也有说话人之间“抢”戏过头的现象。一些年轻人往往有强烈的表现欲，说起话来没完没了，抢白、回敬放连珠炮，那阵势好像要使对方山穷水尽，让自己独占鳌头似的。这样的“抢”就会使人不满，就会使说话效果受到影响。因为大家都是平等谈论问题，不是来看哪个人的个人表演。

所以，在人多的时候说话，要想做到风趣幽默，必须衣着得体，语言精当，把握分寸，这样才能赢得大家的喜欢。

幽默的方法和技巧

1. 对比

对比是造成幽默的基本方法之一，通过对比可以揭示事物的不一致性，使用对比句是逗笑的极好方法。古罗马政治家西塞罗就常用这一方法，比如：

"先生们，这个人什么都不缺，除了财富与美德。"

2. 倒引

倒引是比较常用的幽默方法，即引用对方言论时，能以其人之语还治其人之身。如：

老师对两个吵闹不休的女学生说："两个女子等于一千只鸭子。"

不久，师母来校，一个女学生赶忙向老师报告："先生，外面有五百只鸭子找您。"

3. 转移

转移也是行之有效的幽默手段，当一个表达方式原是用于本义，而在特定条件下扭曲成另外的意义时，便获得幽默效果。

空中小姐用和谐悦耳的声音对旅客命令道："请把烟灭掉，把安全带系好。"

所有的旅客都按照空中小姐的吩咐做了。过了五分钟后，空中小姐用比前次还优美的声音又命令道："请把安全带再系紧点吧，很不幸，我们飞机上忘了带食品。"

4. 夸张

夸张也是人们常用的幽默技巧，运用丰富的想象，把话说得比较夸张，也能收到幽默效果。

教授：为了更确切地讲解青蛙的解剖，我给你们看两只解剖好了的青蛙，请大家仔细观察。

学生：教授！这是两块三明治面包和一个鸡蛋。

教授（惊讶地）：我可以肯定，我已经吃过午餐了，但是那两只解剖好的青蛙呢？

5. 天真

天真也是一付有效的笑的验方，天真是最能令人接受的滑稽的形式。

一位妇人抱着一个小孩走进银行。小孩手里拿着一块面包直伸过去送给柜员吃。柜员微笑着摇了摇头。“不要这样，乖乖，不要这样”，那个妇人对小孩子说，然后，回过头来对柜员说，“真对不起，请你原谅他。因为他刚刚去过动物园。”

语言幽默的方法还有很多，诸如比喻、转折、双关、故作曲解、故作天真、谐称等也都为人们所喜闻乐见。仅仅懂得了幽默方法还不足以表明富于幽默，正像有了毛笔不一定就能成为书法家一样，问题的关键在于合理的运用。

能够对他人幽默，又能够对自己幽默

幽默是一种交谈的艺术，因为，幽默能够使交谈的内容变得生动活泼，气氛变得轻松愉快，而再没有什么事情能够比在和谐的氛围中进行交流更令人高兴的了。

人人都喜欢幽默，然而，要使自己的谈吐在短时期内就能变得诙谐幽默起来，却不是一件很容易的事情。幽默是睿智的体现，是一个人的思想、学识、智慧、灵感在语言中的体现。

在日常谈吐中，能够对他人幽默，又能够对自己幽默的人，他的说话技巧就是很不一般的了。这没有什么大道理可讲，只要你在一些实实在在的例子中去领悟、去消化，就能使自己也变得幽默起来。

记得有一年在中央电视台的春节联欢晚会上，台湾影星凌峰出现在晚会的现场，当他取下帽子向观众行礼时，人们看到的是他那颗又圆又光的脑袋，晚会气氛自然就活跃了许多。紧接着他开口说话了，他说："在下凌峰，我和文章不一样，虽然我们都得过'金鸡奖'和'最佳男歌星'称号，但是，我是以长得难看而出名的。"

这一段精彩的即兴发言使他获得了热烈的掌声；在观众对他坦诚亮丑的语言报以好感和善意的笑声中，他又继续发表只属于他的独特风格的演讲：

"两年多来，我在大江南北走了一遍——拍摄《八千里路云和月》，所到之处呢，观众给予我们很大的支持，尤其是男观众对我的印象特别好。因为，他们认为本人的长相像个中国人，中国五千年的沧桑和苦难全都写在我的脸上。一般来说，女观众对我的印象不大良好，有的女观众对我的长相已经达到了忍无可忍的地步，她们认为我是人比黄花瘦，脸比煤球黑；但是，时代在变，潮流在变，审美的观念也在变。如果你仔细地归纳一下就会发现，现在的男人基本上分为三种：第一种，你看上去很漂亮，可是看久了以后，就觉得他没有什么男人味道，这一种就像我的好朋友刘文正这样；第二种，看上去很难看，看久了是越看越难看，这一种就像我的好朋友陈佩斯这种；第三种，你看上去很难看，看久了以后你会发现，他有另外一种男人的味道，这种就是在下我这种；鼓掌的都表示同意了！鼓掌的都是一些长得和我差不多的，真是物以类聚呀！”

观众笑得前仰后合。

还有一次，也是在一个晚会上，凌峰这样开始了他的开场白：“我这副长相很对不起观众，有时候上街都得备点零钱，以防有损市容被罚款……”

这就是幽默。就像凌峰一样，幽默总是容易受到人们的欢迎。

幽默的形式多种多样，一般有自我嘲讽、张冠李戴、旁敲侧击、顺水推舟、谐音双关、借题发挥，等等。如若运用得法，肯定会收到奇妙的效果。

幽默的第一步，就是要能够冷静客观地解剖自己。

通过对自身的细心观察，你就会发现自己并不是十分完美，而是一个带有缺陷和庸俗的平凡之人。同时，你借着冷静发现真实自我后的评判以语言来加以表达，于是，自嘲式的幽默即产生了。

这种将自己的缺陷很大方地呈现在别人面前的说话方式，往往引起人们大笑后的好感，亦可加深你在别人心中的印象。

就像前面提到的凌峰，假如他在春节晚会上只是礼节性地说几句客套话，加之年纪、形象都没有优势，相信过不了多久人们就会淡忘。然而，经他这样轻松潇洒地幽默一下，使人们至今回想起他来，印象还是那样深刻。

因此，不要拘泥于自我意识之中，也不要生搬硬套别人的幽默，你应该发掘自身的幽默话题，并将幽默的谈吐不断地向更高层次升华，相信过不了多长时间，你就会成为一个具有幽默感的人了。

第四章 婉言口才技巧

不看人、不分场合时机的直言不讳，对他人来说是一种消极和否定的语言暗示，常常使人顾虑重重，增加其心理压力，甚至引起人的抵触反感；而恰当得体的委婉语言，则是一种积极的语言暗示，可防止对他人产生消极的语言暗示。

说话委婉，不伤人自尊

做人固然要正直、直率，但并不意味着要做说话都不带把门的耿直之人。因为，不看人、不分场合时机的直言不讳，对他人来说是一种消极和否定的语言暗示，常常使人顾虑重重，增加其心理压力，甚至引起人的抵触反感；而恰当得体的委婉语言，则是一种积极的语言暗示，可防止对他人产生消极的语言暗示。

如医生给人看病，遇到病情较严重而又诊治不及时的病人，直接质问对方："你怎么这么瘦啊！脸色也很难看！""你知道你的病情已经到了什么地步了吗？""哎呀！你是怎么搞的？为什么不早点来看病啊！"试分析一下，这些话里所包含的消极暗示会使病人怎么想呢？作为医生这是积极治病还是在起反作用？

相反，若医生说："幸好你及时来看病，只要你按时吃药，多注意休息，放下思想包袱，相信你很快就会好起来的。"这将给病人很大的鼓舞。

又如，当妻子买了一块布料准备做衣服，征求丈夫的意见，丈夫觉得妻子这块布料不好看。如果丈夫不尊重体贴妻子的心情，就会直接批评说："你的审美观可真成问题，一把年纪了还穿这么鲜艳的衣服，岂不成老妖婆了？"这样生硬、贬损的话必定会伤害妻子的自尊心。如果丈夫尊重体谅妻子的心情，就会把否定的意见说得委婉得体，给予暗示："不错，颜色真鲜艳，给女儿做衣服，那是很漂亮的。"

当你去拜访朋友，主人热情地拿出水果、零食招待你，而你却嫌弃的说："不吃，不吃。我从来就不喜欢吃零食，再说我刚吃完饭，肚子很饱，哪还有胃口吃这些东西。"这样不仅让人扫兴，而且，还伤害了主人的自尊心。你应该体谅别人的一片热情和好意，委婉地说："谢谢！多新鲜的水果，多香的糖，只可惜我刚吃完饭，没有胃口了，太遗憾了！"

总之，委婉说话不仅是一种策略，也是一门艺术。委婉含蓄地说话，正是你待人处事合格的一种表现。作为一个现代人，应当掌握这一有利于人际交流的语言表达方式。

在词语的含义上做文章

现实生活中，人们往往有很多忌讳，在与人交流时有些话是不宜说出或不宜直接说出的。如果说得太露骨，太直，就有失分寸了，让人难以接受，甚至引起不良后果。这个时候，不妨郢书燕说，即有意曲解对方的话，从另外一个角度加以解读，往往得到令人满意的结果。

1984 年，里根为了竞选美国总统，与对手蒙代尔进行电视辩论。

在辩论中蒙代尔自恃年轻力壮，竭力攻击里根年老体弱，不堪担此重任。

里根则反击道："蒙代尔说我年龄大而缺乏精力。我想，我是不会把对手年轻、不成熟这类问题在竞选中加以利用的。"

这一绝妙的回答立即博得全场的热烈掌声。最后，选民们接纳了里根。

蒙代尔在电视辩论中，只是说“里根年老体弱，不堪担此重任”，并没有说自己“年轻，不成熟”。里根的奇招就在于他的有意曲解，进行嘲讽。表面是说不利用“对手年轻、不成熟”来增加自己的竞选优势，实际正是在于揭露“对手年轻、不成熟”，以守为攻，以柔克刚，终于达到赢得辩论，且赢得选民的目的。

在词语的转义上做文章

威尔逊任新泽西州州长时，他接到来自华盛顿的电话，说新泽西州的一位议员，即他的一位好朋友刚刚去世了。威尔逊深感震惊和悲痛，立即取消了当天的一切约会。然而几分钟后，他接到了新泽西州的一位政治家的电话：

“州长，”那人结结巴巴地说：“我……我希望代替那位议员的位置。”“好吧，”威尔逊对那人迫不及待的态度感到恶心，他慢吞吞地回答说：“如果殡仪馆同意的话，我本人是完全同意的。”

正沉浸在好友去世悲痛中的威尔逊，有意曲解了“位置”一词，将政治家觊觎的“议员位置”转义为“殡仪馆的位置”，幽默地表达了他对那位走后门的政治家的反感与嘲笑。

出奇制胜的另一常用策略是反问寓答，就是从反面提出问题肯定正面的意思，同时，也对对方论点做了有力驳斥。

实验物理学家法拉第，有一次在大庭广众之中做电磁学的实验表演。实验刚结束，忽然有人站起来高声质问他："这有什么用呢?"法拉第不假思索地回答说："请问，新生的婴儿有什么用呢?"

包括提问者在内，谁都是从婴儿长大的。对"婴儿有什么用"，这一反问的答案是不言而喻的。法拉第将处于实验阶段的电磁学理论，跟新生婴儿做类比，启人遐思，发人深省——使提问者自觉地去批判对科学实验的怀疑态度，对科学发展的未来也从受启发的反躬自问中寻思而得。

生搬硬套，表情达意

运用生搬硬套法要注意"搬"和"套"的东西必须具有一定的类比性。所谓类比性就是把两种或两种以上互不相干的、彼此之间没有历史的或约定俗成联系的事物放在一起对照比较，以其违反常理，不伦不类，揭示其差异之处和不协调因素。使人在会心的微笑或难堪的境况中开启心智，受到教育。

这种技巧在现实生活中经常运用。

王大妈的女儿吵着要买嫁妆。王大妈气恼地说："死丫头，你的亲事也不同我商量，东西我不买!"母女大吵起来。引来许多邻居。

邻居老李出来说："你不能怪她没和你商量呀!"王大妈问："为什么?"

“你当年成亲时不也没和女儿商量吗！”

王大妈一时语塞，女儿却高兴起来，老陈又转身对姑娘说：“你妈不给你买也对，你妈出嫁时，你给她买了吗？人要彼此一样才好呀！”

老李生搬硬套巧施幽默，使母女二人在笑声中停息了争吵。

在这种生搬硬套的曲说中，对比双方的差异越明显，对比的时机和媒介选择越恰当，所造成的不协调程度就越强烈，对方对类比双方差异性的领会就越深刻，所造成的幽默意境也就越耐人寻味。这一类曲说的方法很简单，在社交活动中，也被广泛运用。

星期六，一位小伙子进城卖鸡蛋，他问城里常打交道的小贩：“今天鸡蛋你们给多少钱一个？”

小贩回答：“两毛。”

“一个才两毛！这价真是太低了！”

“是啊！我们昨天开了个会，决定一个鸡蛋的价格不能高于两毛。”

小伙子很无奈地摇摇头，只好卖掉，走了。

过几天，小伙子又进城来了，小贩看看鸡蛋，说：“这鸡蛋太小了。”

“是啊”，小伙子说，“我们的母鸡昨天开了个会，它们做出决定，因为两毛钱实在太少，所以不能使劲下蛋了！”

一个是人会，一个是“鸡会”，并列一比，绝妙横生。

大词小用，别出新意

大词小用即把一些意义比较“重大”，一般只用在大场合、大事件等语言环境中使用的词语，放到同它不相称的小场合、小事件中去使用，同时，使所述对象“升级”，小题大做，这样就破坏了整个语言环境的平衡，产生了别有意味的表达效果。

一位美国祖母如此评价她的孙子：“我孙子比林肯总统还聪明。他现在才8岁就已经会念葛底斯堡演讲词（美国前总统林肯在南北战争期间所作的一篇著名演讲）了，而林肯到50岁才会念。”

这种形式上的豪言壮语是很多家长难以想象的。这位美国祖母自然并不真的以为他8岁的孙子比总统更高明，但是，她为孙子开始学会念总统的演讲词而得意，她的这种得意如果毫不夸张地表现出来，充其量只是抒情而已，但她把念演讲与做演讲故意混淆，使不等同的东西等同起来，然后，把孙子的年龄优势突出地加以强调，让荒谬的内容掩藏在勉强的形式之中。

叔本华认为笑是观念与实体之间的不协调。在这里，结论与原因之间的不相称，所突出的不是客观的事实，而是老祖母主观的感情，我们因迅速领悟了二者之间的反差而发出轻松的微笑。

在即兴说话时，大词小用如果交错出现，纷至沓来，效果必定是喜不胜收。下面我们看看一个不愿读书的小孩的曲说效果：

“放寒假了，爸爸不让我游戏人生，说是会玩物丧志，硬是要我天天背《成语词典》。那么多，叫人惨不忍睹，我一看见它，就多愁善感了。我要不背，爸爸就入室操戈。我要跑，他就要打断我的腿，要削足适履，爸爸力气大，打起我来重于泰山。一个耳光把我打得犬牙交错。我只好背，背得天昏地暗，肝脑涂地，不可开交，痛苦难熬。”

大词小用的应用范围极其广泛，日常生活中俯拾即是。如两个好友突然不再往来，旁人就说：“他们已断交。”后若和好如初，就说：“又恢复了外交关系。”形容年轻人相爱时则说：“他们爱得死去活来。”

刻意误解，委婉表达

自然语言是含混的，同样，一句话可以表达出不同的含义，因而说话人有时可以根据需要对语句的含义做出巧妙解释，委婉含蓄地达到交际、办事的目的。

俄国大诗人普希金年轻时，有一次在彼得堡参加一个公爵的家庭舞会。想邀请一位小姐跳舞，不料对方傲慢地说：“我不能和孩子一起跳舞！”

普希金灵机一动，微笑着说：“对不起，亲爱的小姐，我不知道你正怀着孩子。”说完，他很有礼貌地鞠了一个躬后离开了。此时，漂亮的小姐无言以对，面色绯红。

"我不能和小孩子一起跳舞"，本来意思是"你是小孩子，我不能和你一起跳舞"。而普希金却巧妙地将这一语句解释为"我腹中有孩子，我跳舞腹中的小孩也跟着跳，这样对我们母子不利"。

诗人刻意误解了对方傲慢无礼的话，进而做出了漂亮的回击。

某公司吴经理是有名的"妻管严"，但在外边却摆出一副大男子主义的神态。一天，吴经理在与朋友小王闲聊。

吴："在公司里我是'头'。"

王："在家里呢？"

吴："我当然也是'头'了。"

这句话被经理的夫人听见了，她冷冷地对吴经理说："你是家里的'头'，那么你把我放到哪里去了？"

"你是脖子。头想移动的话，得听从脖子的。"

吴经理对"在家里是'头'"，做出巧妙的解释，承认了妻子在家中最高权威，夫人扑哧一笑，脸色"阴转晴"了。

必须注意的是，如果故意利用别解句义来偷换论题为某种错误论点进行辩护，就成诡辩了。

难得糊涂，机智应变

在一些场合，常常碰到一些意想不到的事情，处理不好着实使人尴尬万分。此时要化解难堪，不妨假装糊涂。

某青年到一对年轻夫妇家做客。主人家年仅4岁的女儿大声地对这位客人说："叔叔，爸爸昨晚打妈妈了。"年轻的女主人嗔怪地瞪了女儿一眼，表情甚为尴尬。见状，客人随机应变，假装糊涂对孩子说："云云，你爸爸妈妈不是在打架，他们在做'老鹰捉小鸡'的游戏呢！你看，是不是这样，嘎，嘎，嘎……"小女孩天真地笑了起来。女主人脸上的尴尬也随之消失了。

难得糊涂法的妙处在于真则假之，假则真之，正话反说，反话正说，先是迷惑对方，然后体面地从困窘中"拔"出来。

有一次，一位男孩上厕所不小心走错了地方，进了隔壁的女厕所。正好有位女孩从里面站起来，她惊叫一声，又重新坐下去了。男孩赶紧转身退出女厕所，也叫了一声："啊，对不起，先生！"室内的女孩听闻后，在惊恐之余，也长吁了一口气。

这位男孩走错厕所后，又故意认错人性别，以疏忽到底的做法，不仅恰当地缓解了女孩的紧张情绪，而且避免了让自己背上"偷窥"的罪名。这种处事手段实在是高明。

软中带硬，话外有音

当有人冒犯了自己，是不是应该有所回应？当然是的。但硬邦邦的回应，可能会招来对方的报复；而如果软绵绵的回应，又可能让对方以为你不识数，好欺负。在这种情况下，最好的回应便是软中带硬，话外有音。

面对个别桀骜不驯的下属，领导者不能强行使其就范，宽厚豁达的胸怀及幽默自信的态度才能使之服从领导。

20世纪50年代初，美国总统杜鲁门会见美军将领麦克阿瑟。麦克阿瑟自恃战功赫赫，在总统面前表现得很傲慢。会见中，麦克阿瑟拿出烟斗，装上烟丝，把烟斗叼在嘴里，取出火柴，当他准备点燃火柴时，才停下来，转过头看看总统，问道："我抽烟，你不介意吧?"显然，这不是真心征求意见，但如果阻止他，就显得粗鲁。杜鲁门看了一眼麦克阿瑟，说："抽吧，将军，别人喷到我脸上的烟雾，要比喷在任何一个美国人脸上的都多。"

杜鲁门这句话软中带硬，委婉地指出了麦克阿瑟的无礼，难堪的应该是麦克阿瑟了。

一位妙龄姑娘，碰上了几个不三不四的家伙。领头的先一伸手把姑娘的帽子摘了下来，显然不怀好意。姑娘震怒了，但她没有开口大骂"流氓"，也没有惊慌失措，而是立刻冷静下来，彬彬有礼地说："你很喜欢我的帽子，是吗?"

"当然，它和你这个人一样，挺漂亮!"领头的戏弄她说。

这时，姑娘更加沉着大方了："你是想仔细看看，好给你的女朋友买一顶吧？我想，你不是那种随意戏弄人的人。"

“当然，当然是这样。”领头的有点脸红了。

“请你不要买了。”

“为什么？”

“让别人给摘去了怎么办？”

“对，对！请把帽子收好……再见。”领头的及其伙伴知趣地向姑娘点头道别，转身走了。

女孩子，尤其是漂亮女孩子，提高自我保护的能力至关重要。当遇到一些流氓挑衅行为时，女孩子在体力上处于弱势，硬碰硬是不可取的，只能采取以柔克刚战术。这时便充分显示了口才的重要性。姑娘胜利了。她为什么没落入挑衅者的圈套呢？因为，她给对方以尊重，软中带硬。不仅没得罪他们，又显示了自己的勇敢。

直白的表露一切，有时还会授人以柄，遭人算计。所以，在很多时候，委婉的表达某种思想和感情，更能派上用场。我们日常说话，当然不同于写文章，却与写文章有着许多相通之处，写文章有“文章贵曲不贵直”和“文似看山不喜平”之说，这对我们日常与人说话也是一种提示。

说话曲一点，委婉一点，有时比硬邦邦、赤裸裸的表达更有效果，说话的曲就是要有弦外之音，画外之画，山外之山，曲的妙处就是不直接给人以刺激，而是让对方自己去琢磨话中真实的用意。这样给自己和对方都留下了回旋的余地。

化严肃为诙谐

人们经常要面对一些纠纷，处理这些纠纷，必须说明白话才见效。一般说来，纠纷双方都会把问题看得很认真，否则，双方便不会扯着矛盾不放。在这种时候，化严肃为诙谐也是一种很明白的处理方法。

1943 年 11 月底，在德黑兰会议上，就如何处置德国纳粹分子一事，苏联元首斯大林跟英国首相丘吉尔发生了争吵。斯大林毫不掩饰他对纳粹的仇恨，认为至少应处决5 万名纳粹分子，一经俘获，立即处决。企图利用德国来制约苏联的丘吉尔一听，跳起来大声反对。斯大林紧盯着丘吉尔，斩钉截铁地说："一定要枪毙 5 万人！"丘吉尔毫不示弱，坚持己见。在场的美国总统罗斯福在这个问题上倾向于斯大林，但他不是简单地支持斯大林，而是用折中的方法笑着打圆场："我要来调解你们的争执了，减为49500 人行不行？"斯大林一听，自然高兴，而丘吉尔则感到自尊心得到尊重，便不再坚持，于是，会议顺利地进行下去。

在这个例子里，如何处置德国纳粹分子一事关系到苏联、英国的切身利益，是至关重要的问题，因此，斯大林和丘吉尔为了本国利益互不让步，争执不下。斯大林说的"5 万"并不是一个确切的数字，罗斯福把它降为"49500"这个确定的数字，灵活采用了市场上讨价还价的方法解决这个严肃的问题，打破了僵持的局面。这种有意的不合时宜的说法产生了幽默风趣的效果，缓和了会议上剑拔弩张的气氛，使事态出现了转机，使会谈得以顺利进行。

就近取譬，深入浅出

新中国成立前，国民党元老于右任先生曾在县城发表演讲，抨击封建买卖婚姻，提倡自由恋爱。当他演讲完毕下台时，被一个与他年龄相仿的乡间老太婆挡住了去路。老太婆气呼呼地问于先生：“我请教你一件事，你敢不敢当众答应？”于先生莫名其妙，只得微笑着说：“这要看是啥事，只要我能办到的，我就敢答应。”“你不是在台上说，让女人自己瞅男人吗？那我今天就瞅上你了，看你敢答应不？”于先生没料到老太婆会说出这话，见她气呼呼的样子，忍不住乐呵呵地说道：“老嫂子，你恐怕是说的气话吧！刚才我在台上说的话你可能没听清楚，我跟你再说一遍。”于先生接着开导说：“我说的自由恋爱，得男女双方都互有感情，自己愿意才行。如今，你说是瞅上了我，那还不行。一是咱俩互不了解，二是我家里有个老伴，我舍不得离婚。剃头担子一头热，中间就有麻烦了。所以你这话我不能答应。”当于先生了解到这位老太婆的女儿，因听了于先生的演讲回家与老太婆闹“自由”后，便做了一番耐心的开导，最后终于说服了老太婆。

对于一个旧社会的乡下老太太来说，提倡自由恋爱确实是难以理解的事情，老太太依据自己的表面理解理直气壮地向于右任发出责难，于右任针对她的要求就近取譬，联系实际情况给予了明确回答，并借自己的这个例子再次向她阐明道理，语言通俗活泼，终于令老太太“开了窍”。

因此，对于我们的主张和见解，有些人由于文化素养不高，视野不开阔而无法真正接受，有时甚至根据自己的简单理解对其产生偏见，做出错误的判断。针对这种情况我们可以抓住对方对某一道理的表面化理解，引用具体形象生动的事例就近取譬，用平白朴实的话语进行深入浅出的分析，从而澄清对方的误解，使之从浅显平常的事件中领悟出我们表述的深刻道理。

因此，在日常生活中，与人讲道理时要尽可能多说明白话，但在感情上要糊涂一些才好。因为，理的可辩性非常强，而情的可辩性就弱得多，在感情上掂斤播两，计较毫厘，迟早会把感情越搞越糟。所以，该糊涂则表现得糊涂些，该明白时则表现得明白些，也是一种做人的技巧。

聪明的人说糊涂话

假糊涂，是真聪明之大哲学。聪明的人说糊涂话是为了平息事端，减少麻烦，使彼此不再较真，使矛盾不再激化。如果事事都做到眼里揉不得沙子，那么，这“沙子”就可能会把事情搅得不好收场，或者使事情难以朝好的方向发展。因此，要善于把握说糊涂话的技巧。

1. 以糊涂应变

当某种局面难以左右时，可以糊涂地应付过去。这样既可以保全自己的面子，也可以使对方的语言或行为失去应有的效力。

第一次世界大战后，土耳其获得独立。英国伙同法、意、俄等国，在洛桑与土耳其谈判，企图继续奴役土耳其，迫使土耳其签订不平等条约。土耳其代表伊斯美外长提出本国条件时，一下子触怒了英国外交大臣，他咆哮如雷，挥拳吼叫，恫吓加威胁。

伊斯美作为小国代表，尽管其他列强也助纣为虐，他却装耳聋，一声不吭。等英国外交大臣喊完了，他才不慌不忙地张开右手靠在耳边，把身子移向英国代表十分温和地说："阁下，你刚才说什么，我还没有听清楚呢！"

瞧，假借糊涂装聋作哑，使对方的恫吓毫无价值。

2. 以糊涂获利

装糊涂有时还能引起别人的兴趣，并从他们的兴趣中获得收益。

据说美国第九任总统威廉出生在一个小镇上，他小时候是个文静怕羞的孩子，人们都把他看作傻瓜，常喜欢捉弄他。他们经常把一枚5分硬币和一枚1角的硬币扔在他的面前，让他任意捡一个，威廉总是捡那个5分的，而且傻笑着对着行人说："我喜欢要这一个，这一个值钱！"于是大家都嘲笑他。

有一天，一位好心人问他："难道你不知道1角钱比5分值钱吗？""当然知道，"威廉慢条斯理地说，"不过，如果我捡了那个1角的，恐怕他们就再没有兴趣扔钱给我了。"

3. 以糊涂容人

在一些细节问题上不要太较真，否则，会让人感到你心胸狭隘。为了表现自己的宽宏大量，说些糊涂话有时就派上了用场。

一次，宋太宗在北涪园饮酒，臣子孔守正和王荣侍奉酒宴。二臣喝得酩酊大醉，互相争吵不休，失去了臣下的礼节。内侍奏请太宗将两人抓起来送吏部去治罪，但是太宗派人送他们回家去了。

第二天，他俩酒醒了，想起昨晚酒后在皇上面前失礼，十分后怕，一齐跪在金銮殿上向皇帝请罪。宋太宗微微一笑说：

“昨晚，朕也喝醉了，记不得有这些事。”

宋太宗托词说自己也醉了，不但没有丢失皇帝的体面，而且使这两个臣子今后也会自知警戒。宋太宗装糊涂，既表现了大度，又收买了人心。

以糊涂授恩

糊涂话有时可以用来原谅别人的过错，让别人暗暗感激终生。

唐代宗时，郭子仪在扫平“安史之乱”中战功显赫，成为复兴唐室的元勋。因此，唐代宗十分敬重他，并且将女儿升平公主嫁给郭子仪的儿子郭暖为妻。这小两口都自恃有老子作后台，互相不服软，因此免不了口角。

有一天，小两口因为一点小事拌起嘴来，郭暖看见妻子摆出一副臭架子，根本不把他这个丈夫放在眼里，愤懑不平地说："你有什么了不起的，就仗着你老子是皇上！实话告诉你吧，你爸爸的江山是我父亲打败了安禄山才保全的，我父亲因为瞧不起皇帝的宝座，所以才没当这个皇帝。"在封建社会，皇帝唯我独尊，任何人想当皇帝，就可能遭满门抄斩的大祸。升平公主听到郭暖敢出此狂言，感到一下子找到了出气的机会和把柄，立刻奔回宫中，向唐代宗汇报了丈夫刚才这番图谋造反的话。她满以为，父皇会因此重惩郭暖，替她出口气。

唐代宗听完女儿的汇报，不动声色地说："你是个孩子，有许多事你还不懂得。我告诉你吧：你丈夫说的都是实情。天下是你公公郭子仪保全下来的，如果你公公想当皇帝，早就当上了，天下也早就不是咱李家所有了。"并且对女儿劝慰一番，叫女儿不要抓住丈夫的一句话，乱扣"谋反"的大帽子。小两口要和和气气地过日子。在父皇的耐心劝解下，公主消了气，自动回到了郭家。

这件事很快叫郭子仪知道了，可把他吓坏了。他觉得，小两口打架不要紧，儿子口出狂言，近似谋反，这着实叫他恼火万分。郭子仪即刻令人把郭暖捆绑起来，并迅速到宫中面见皇上，要求皇上严厉治罪。可是，唐代宗却和颜悦色，一点也没有怪罪的意思，还劝慰说："小两口吵嘴，话说得过分点，咱们当老人的不要太认真了。不是有句俗话吗：'不痴不聋，不为家翁'，儿女们在闺房里讲的话，怎好当起真来？咱们做老人的听了，就把自己当成聋子和傻子，装作没听见就行了。"听到老亲家这番合情入理的话，郭子仪的心就像一块石头落了地，顿时感到轻松，眼见得一场大祸化作了芥蒂小事。

虽然如此，为了教训郭暖的胡说八道，回到家后，郭子仪将儿子重打了几十杖。

小两口关起门来吵嘴，在气头上，可能什么激烈的言辞都会冒出来。如果句句较真，就将家无宁日。唐代宗用“老人应当装聋作哑”来对待小夫妻吵嘴，不因女婿讲了一句近似谋反的话而无限上纲上线，化灾祸为欢乐，使小两口重归于好。有些事情，你非要硬去较真，就会愈加麻烦，相反，你若装痴作聋，来他个“难得糊涂”“无为而治”，也许会有满意的结果。

以糊涂解仇

《庄子》中有句话说得好：“人生天地之间，若白驹之过隙，忽然而已。”人生苦短，又何必为某些仇怨而耿耿于怀呢？即使“大事”，别人有愧对你之处，糊涂些，反而会感动人，从而改变人。

公元200年10月的一天，官渡之战刚刚打完，曹军正在清点战果的时候，一位官员抱着一大捆信件，急忙忙地来向曹操汇报：袁绍仓皇逃走，扔下不少东西，其中有一批书信，是京城许都和曹营中的一些人，暗地里写给袁绍的。曹操接过信，翻了一下，这些信大都是吹捧袁绍的，有的干脆表示要离开曹营，投奔袁绍。

曹操的亲信得知这些信的内容，都很生气，有的说：“吃里爬外，这还了得！应该把他们抓起来。”

曹操微微一笑，说：“把这些信统统烧了。”

这个命令使在场的人都愣了："不查了！"有人轻声地问。

"是的，不查了。"曹操说。

不查"内奸"，似乎糊涂，但实质是精明。曹操这样干，那些暗通袁绍的人才把心里的一块大石头放下，旁人也觉得曹操度量大，愿意在他麾下效力。

当然，这里说的糊涂绝不是叫人浑浑噩噩，糊里糊涂，而是大事不糊涂，小事糊涂些。如果人人如此，人际关系还有搞不好之理？

拒绝得法情义在

被人拒绝总不是件愉快的事，拒绝别人不得法，可能失去交情，被人误会，甚至遭人唾骂与仇视。善于应对的人应学会做到拒绝得法情义在。

1. 偷梁换柱

对方提出甲事情，我则换用乙事情去应付，从而巧妙地拒绝对方：

一位钟表推销员，曾挨家挨户推销闹钟，他叩开了一位主人家的门，说："先生，您应该有个闹钟，每天早晨好叫你起床。"主人回答说："我看不用买闹钟，有我妻子在身边就足够了，你大概不知道，她能到时就'闹'。"

这位主人的拒绝，既幽默风趣，又非常委婉，令推销商再也不忍心开口。

2. 自言自语

有人总结出了一条拒绝他人要求的经验：人们碍于面子，推拒话不好正面说出口，如果装作自言自语说出心中所思所想，对方便会知趣而退。

某大商场收到一批长期合作的供应商的样品，质量虽很过关，款式却很过时，收下这批货，商店会亏本；不收下吧，供应商又是老客户了，怎么办呢？

当天傍晚，商店经理方春，请供应商共进晚餐，二人一边对饮，一边望着窗外衣着时尚，袅袅而行的丽人款款走过，方春自言自语道："现在的女孩子，对衣着越来越讲究了，不但要质地好，而且要款式新潮，看那件印花镂空的连衣裙，既典雅又大方，一股时尚气息扑面而来……"听到这儿，供销商抓住方春的手大叫："多谢你的启示，我马上叫设计师修改花型，原来那批货我全部拿回。"

如果经理直接回绝供销商，可能会由此失去一个多年的合作伙伴，而他利用自言自语的方法，流露出内心思想，既使对方自己放弃，又不伤和气。

3. 先扬后抑

开门见山，直截了当式的拒绝，犹如当头一盆冷水，使人难堪，先扬后抑，是一种避免正面表述，间接地主动出击的技巧。即首先进行诱导，当对方进入角色时，然后话锋一转，制造出"意外”的效果，让对方自动放弃过分的要求。

有一位歌迷，求一位当红女歌星给她一张演唱会的票，歌星手中也没有票，又不愿给演唱会举办者增添麻烦，当然不想答应她的要求。但是，她没有直接拒绝，因为直接拒绝攻击性太强。因此，她采用先扬后抑的方法，平静地答道：“遗憾得很，我手上一张票也没有。不过，在大厅里我有一个位置，如果您高兴……”歌迷非常兴奋地问道：“那么，这个位置在哪里？”歌星答道：“不难找——就在麦克风前。”

4. 攻心法

了解对方的特性和目的，试探对方的心理，然后发动心理攻势，让对方高兴，或反激对方自负等方法，使对方自我否定，放弃不合理的请求，拒人于无形之中。

田园与法官马虹是少时同窗，二人很是喜欢古代清官的故事，如海瑞、包公的故事几乎能倒背如流。一天，田园的小姑子涉嫌犯罪被收审，这桩案子恰好落在她昔日好友马虹的手中。

一个晚上，田园前往马虹家，希望她能念同窗情谊，轻判她小姑子。马虹左右为难，一不能不用法，二又不能得罪同窗。她说：“田园，我真怀念我们少年时意气风发的样子，特别喜欢你讲‘包公铡美’的故事。”田园也很高兴，二人沉浸在对过去的回忆之中。马虹感慨地说：“记得我们当年立下誓言，以后谁做了法官，不要做‘糊涂官’，判‘糊涂案’，我一直以此作为自己的座右铭呢。”

田园本已设计好了一大套说词，但听了马虹这一席话，再也不好意思开口了。

以暗示代直言

生活中，并不是每句话都必须直说的，女人若善于以暗示代直言，同样可以收到预期的效果。

暗示是人际交往的一种特殊方式，指的是暗示者出于一定的目的，采用一定的方法，含蓄、巧妙地向对方发出某种信息，以此来影响对方的心理，使其不自觉地接受一定的意见、信念，或改变其行动。

暗示的方法有：

1. 以故事暗示

一次，一领导为了加强机关干部管理，在工作考勤等方面作了一系列规定。决定由曾在企业担任过多年负责人、不久前到机关做传达工作的一位老同志负责考勤登记。这位老同志认为这工作易得罪人，不愿意干。说自己过去就是因为办事太认真，得罪了不少人，正在吸取“教训”。

听了他的话，领导委婉地讲了一个故事：某电影导演，为拍一部片子四处寻找合适的演员。一天，发现了一个合适人选，便通知他准备试镜头。这个人十分高兴，理了发，换上新衣，对镜子左照右照，总感到自己两颗“犬牙”式的牙齿不好看，于是到医院把牙齿拔掉了。后来，他兴致勃勃地去报到，导演见到他，失望地说：“对不起。你身上最珍贵的东西，被你自己当缺陷给毁了，影片已经不需要你了”。

故事讲完后，这位老同志懂得了“坚持原则，办事认真”，正是自己最珍贵的地方。他愉快地接受了任务。

2. 以笑话暗示

一次，几位老同志反映机关晚上不安静，楼上的小青年不注意，老同志在楼下睡不好。这属于两代人的生活习惯问题，如果把这个问题在会上讲，就会使老同志和青年人之间产生鸿沟。

党委书记和小青年闲谈时，讲了一则笑话进行暗示：有个老头晚上很难入睡，恰好楼上住了一个经常上晚班的小伙子。小伙子每天下班回家，双脚一甩，鞋子“噔噔”两下，重重地落在地板上，每次都将好不容易才入睡的老头惊醒。老头提了意见。当晚小青年下班回来，又照例先甩下第一只鞋，尔后猛然想起老头的意见，就轻轻脱下第二只鞋。第二天一早，老头埋怨小伙说：“你一次将两只鞋甩下，我还可以重新入睡，你留下一只不甩，害得我整夜都在等你甩第二只鞋!”

笑话说完，小伙子们悟出了笑话是有所指的。

3. 岔题暗示

请看一段对话：

甲：老何这个人什么都好，就是有点好大喜功。

乙：昨晚播了《红楼梦》第一集，你看了吗?

甲：没有。你知道吗，向市里上报的材料，尽说好话，把老何捧上了天……

乙：唉，你不看真可惜，看了就能知道跟电影相比到底哪个拍得好。

不难看出，乙一再岔题，是为了向甲做出暗示：他不愿意背后随便议论别人。如果甲知趣，说话至此，也该停止对老何的议论了。

4. 诙谐暗示

这是以幽默的语言或随意说笑的方式，向被暗示者传递信息。

南唐时，税收繁重，民不聊生。时逢京师大旱，烈祖询问群臣："外地都下了雨，为什么京城不下?"大臣申渐高决定利用这个机会进谏，便诙谐地答道："因为雨怕抽税，所以不敢入京城。"烈祖天性比较豁达，听罢大笑，决定减轻税收。

借助一句笑话来暗示，竟然为百姓做了一件好事。

第五章 礼貌口才技巧

在日常生活中，尤其在社交场合中，礼貌用语十分重要，多说客气话不仅表示尊重别人，而且表明自己有修养；多用礼貌用语，不仅有利于气氛融洽，而且有利于交际。

适当地使用谦辞雅语

1. 谦辞

谦辞，是向人表示谦恭和自谦的一种礼貌用语。

谦辞，除“家大”“舍小”所包含的内容外，尚有：

鄙——鄙陋之人，谦称自己。如鄙人、鄙意、鄙见等。

愚——愚笨之人，谦称自已，又称“下愚”。如愚兄、愚意、愚见等。

敝——谦称自己，或跟自己有关的事物。如敝人、敝姓、敝处、敝校、敝舍等。

不佞——没有才智，谦称自己，又称不才、不肖。

拙——多用于谦称自己的论著、见解。如拙作、拙笔、拙刊、拙著、拙译、拙见等。

此外，文人雅士在长者面前谦称“晚生”“小生”“晚学”“后学”“末学”；老年人有时则谦称“老夫”“老身”等。

2. 雅语

雅语，是同粗俗言语相对的一种文雅言辞，往往反映一个人的文明程度。当今的雅语首先表现在称谓上。如把手脚残疾者叫“手脚不健全者”，把痴呆、低能人叫“智力障碍者”，把为病人服务的人叫“陪护人员”或“卫生员”，把捡破烂的叫“拾荒者”，把扫大街清理垃圾的叫“城市美容师” “环卫工作者”，把保姆叫“家政服务员”等等。这充分体现出社会对不同从业者人格的尊重。

雅语，还表现在对某些行为举动说法的文雅上。如把吃饭称为

“用餐”“用膳”；把倒酒称为“满酒”“斟酒”；把喝茶叫“用茶”或“品茶”；把上厕所称为“净手”“方便”“去卫生间”等等。

这些谦辞雅语是传统礼仪的一部分。适当地使用谦辞雅语，是谦逊有礼的表现，无疑会受到别人的尊敬。那些出言不逊，开口自称“老子”“老娘”，骂他人为“老不死的”“小兔崽子”的人只会让人反感。

与人说话称呼要得体

和别人打交道，总是以称呼开头，它好像是一个见面礼，又好像是进入交往大门的通行证。称呼得体，可使对方感到亲切，交往便有了基础。

古时候，有个年轻人骑马赶路，忽见一位老汉从这儿路过，他便在马上高声喊道：“喂！老头儿，这儿离客店还有多远?”老汉回答：“五里。”年轻人策马飞奔，急忙赶路去了。结果一气跑了十多里，仍不见人烟：他暗想，这老头儿真可恶，说谎话骗人，非得回去教训他一下不可。他一边想着，一边自言自语道：“五里，五里，什么五里!”猛然，他醒悟过来了，这“五里”，不是“无礼”的谐音吗？于是拨转马头往回赶。追上了那位老人，急忙翻身下马，亲热地叫声“老大爷”，话没说完，老人便说：“客店已走过去了，如不嫌弃，可到我家一住。”

这是一则流传很广的故事，它通俗而明白地告诉人们在人际交往过程中讲究礼貌的重要性。那么，怎样称呼才算礼貌呢？

1. 考虑对方的年龄特征

见到长者，一定要尊称，特别是当你有求于人的时候。比如“老爷爷”“老奶奶”“大叔”“大娘”“老先生”“老师傅”“您老”等，不能随便喊“喂”“嗨”“骑车的”“放牛的”“干活的”等，否则，会使人讨厌，甚至发生不愉快的口角。另外，还需注意，看年龄称呼人，要力求准确，否则会闹笑话。比如，看到一位二十多岁的妇女就称“大嫂”，可实际上人家还没结婚，这就会使人家不高兴，不如称她“大姐”合适。

2. 考虑对方的职业特征

我们在社会上看到一些青年人，不管遇到什么人都称“师傅”，难免使人反感。因此，在称呼上必须区分不同的职业。对工人、司机、理发师、厨师等称“师傅”，当然是合情合理的，而对农民、军人、医生、售货员、教师，统统称“师傅”就有些不伦不类，让人听了不舒服。对不同职业的人，应该有不同的称呼。比如，对农民，应称“大爷”“大娘”“老乡”；对医生应称“大夫”；对教师应称“老师”；对国家干部和公职人员、对解放军和民警，最好称“同志”。

在新的历史条件下，随着改革和开放的深入发展，人们的社会交往日渐频繁和复杂，相互之间的称呼也就越来越多样化，既不能都叫“师傅”，也不能统称“同志”。比如，对外企的经理，对外商，就不能称“同志”，而应称“先生”“小姐”“夫人”等。对刚从海外归来的港台同胞、外籍华人，若用“同志”称呼，有可能使他们感到不习惯，而用“先生”“太太”“小姐”，这样称呼会使人们感到自然亲切。

3. 考虑对方的身份

有一位学生到老师家里请教问题，不巧老师不在家，他的爱人开门迎接，这位学生当时不知怎样称呼好，脱口叫了声“师母”。结果使教师的爱人感到很难为情，这位学生也意识到不妥，顿时觉得很尴尬，因为这位学生比“师母”大了10岁。

遇到这种情况该怎么称呼呢？这就要看对方的身份。按身份，老师的爱人，当然是“师母”，这是旧称，人家不愿接受。最好的办法就是称呼“老师”，不管她是什么职业（或者不知道她从事什么职业）。称呼别人老师含有尊敬对方和谦逊的意思。

4. 考虑自己与对方之间的亲疏关系

在称呼别人的时候，还要考虑自己与对方之间关系的亲疏远近。比如，和你的兄弟姐妹、同窗好友、同一车间班组的伙伴见面时，还是直呼其名更显得亲密无间，欢快自然，无拘无束，否则，见面后一本正经地冠以“同志”“班长”“小姐”之类的称呼，反倒显得外道、疏远了。当然，为了打趣故作“正经”，开个玩笑，也是可以的。

在与多人同时打招呼时，更要注意亲疏远近和主次关系。一般来说应先长后幼、先上后下、先女后男、先疏后亲为宜。在外交场合，宴请外宾时，这种称呼先后有序更为重要。1972年周恩来总理在欢迎美国总统尼克松的招待会上这样称呼：“总统先生，尼克松夫人，女士们，先生们，同志们，朋友们!”这种称谓客气、周到而又出言有序的外交家的风度，给人们留下了深刻的印象，是我们学习的典范。

5. 考虑说话的场合

称呼上级和领导要区别不同的场合。在日常交往中，对领导、对上级最好不称官衔，以“老张”“老李”相称，使人感到平等、亲切，也显得平易近人，没有官架子，明智的领导会欢迎这样称呼的。但是，如果在正式场合，如开会、与外单位接洽、谈工作时，称领导为“王经理”“张厂长”“赵校长”“孙局长”等，常常是必要的，因为这能体现工作的严肃性、领导的权威性和法人资格，是顺利开展工作所必需的。

6. 考虑对方的语言习惯

我国幅员辽阔，人口众多，方言、习俗各异。在重视推广普通话的前提下，还要注意各地的语言习惯。违背了当地的语言习惯，就可能碰钉子。

几个年轻人结伴去旅游，这天他们从避暑山庄出来，想去外八庙，为了抄近路，两个小伙子上前去问路，正遇上一个卖蛋的农家姑娘。一个小伙子上前有礼貌叫了声：“小师傅！”开始这姑娘没有答应，小伙子以为她没听见，又高声叫一声，这下可激怒了这位姑娘，她嘴上也不饶人，气呼呼地说：“回家叫你娘小师傅去！”两个小伙子还算有涵养，压了压火气，没有发作。

本来是有礼貌地问路，反倒挨了一顿骂。这是为什么？后来才知道，当地的农民管和尚、尼姑才称“师傅”，一个大姑娘怎愿意听你称她“小师傅”呢？两个小伙子遭到痛骂也就不奇怪了。

私人访晤用语要得体

访晤，是日常生活中的一项活动，是为了礼仪或某种特定目的而进行的拜访会晤。按其性质可分为公务访晤和私人访晤。这里，我们重点谈一下私人访晤。

在人际交往活动中，最常见的是私人访晤形式。借助这种交际活动，可以达到互相了解、沟通信息、加深感情、增进友谊的目的。所以，私人访晤不但是必要的，也是有益的。

从形式上看，私人访晤可以分为初访、重访、回访等。

初访往往比较郑重；重访是关系趋密的表现；回访则体现了“来而不往，非礼也”的传统民俗和道德观念。

从内容和特点上看，访晤还可以分为礼仪性访晤、事务性访晤和随意性访晤。

礼仪性访晤，主旨上在于密切人际关系；事务性访晤，大多为了解决某些具体事务（例如：托事、邀约等）；随意性访晤，一般发生在至亲好友之间，可以聊天谈心，拉家常，“侃大山”，礼仪也少一些。

到了访晤对象的家门口，要先轻轻地敲门，或者短促地按一下门铃。即使门开着，也要很有礼貌地问一声：“××在家吗？”或者“房间里有人吗？”即使是熟人，也不要贸然闯入，以免主人措手不及。

同主人见面后，要立即打招呼，然后再跟着主人进房。同主人打招呼分几种情况：

第一，你如果是首次登门，一般可以用这样的话打招呼：“初次登门，打扰你们，真不好意思！”“啊！一直想来拜访，今天如愿以偿了！”关系比较密切的，可以随便一点说：“啊！原来你就住在这儿！”或者“过了约定的时间了，叫你久等了吧？”

第二，你如果是重访者，因为关系比较亲密，打招呼就不必多礼，一般只需简单地说一句“好久没来看你了”即可，或者说

"我们又见面了，我上次来，是一个月以前吧?"关系密切的，开个玩笑，也不乏幽默感："我又来了，可别厌烦啊!"

第三，回访大多出于礼仪或答谢，打招呼时要考虑这个特点，打招呼要有致谢的口气。通常你可以这样说："上次劳您跑了一趟，我今天登门拜谢来了。""终于等到了机会，我可以亲自登门拜访你了。"

初访和回访大多目的性强，多属礼仪性访晤或事务性访晤。相比之下，重访虽然也有一定的目的（如联络感情、交流信息等），但其随意性较大。所以初访、重访、回访的进门语，还要从礼仪性、事务性、随意性方面去加以考虑。

第四，礼仪性访晤大多与祝贺、酬谢、唁慰等有关，进门语也要同这些内容联系起来，比如初访时，说："今天给您拜年来啦!""借你走马上任的东风，给老朋友贺喜了!"回访时可以说"上次家父过世，劳您大老远地赶来，忙忙碌碌，很是辛苦，叫我一直于心不安。"

第五，如果你去做事务性访晤，进门就要从本次访晤目的上去考虑：如"真是不好意思，求您帮忙来了!"或者"小赵，你要我办的事，总算有眉目了。"但初访一般不宜如此"开门见山"，进门语应多注重礼节，"己求人"的话语不必过于谦恭，别人求自己的时候，说话亦不可傲慢无礼。

第六，随意性访晤一般无拘无束，因双方关系比较密切，所以进门语可有可无，想说什么就说什么。

"有朋自远方来，不亦乐乎?"作为主人，对来作客的访晤者的进门语，一定要热情，表示真诚的欢迎。譬如，你可以说下面这一类话："哎呀，上次已经打扰了，还让您再跑一趟，叫我怎么感谢您。""我也一直想在家里同您聊聊，快请进!"

“我也懒，好久没上你那儿去了。”作为主人，一定要热情大方，使客人无拘无束，宾主尽欢。

第七，晤谈语要恰当。晤谈，同一般性的交谈没有什么大的区别。但是，如果访晤地点为受访者的家庭，你作为拜访者就要“嘴下留神”。凡是受访者不希望在家人面前交谈的内容，尤其是可能让受访者尴尬、不快的话，或令受访者家人担忧、生疑的话，都不要信口乱说。非说不可时，也要寻找时机，或者在主人送客时单独说。你如果有求于人，在双方寒暄时要尽量将话题引到与所求之事相近的话头上去。顺水推舟，自然地提出请求。假如双方关系密切，求人犹如求己，又另作他论。当然，也不可因关系密切，肆无忌惮。

第八，善用辞别语。辞别语，同进门语相照应，向主人表示感谢，请主人“留步”，如有可能要邀请对方来自己家做客。譬如，你可以说：“今天初次拜访，十分感谢您为我花了这么多时间!”“老同学，我走了，你什么时候到我家坐坐!”“送客千里，终有一别，还是请回吧!”需要注意的是，邀请对方需适可而止，不可勉强，不可含有责怪对方不来拜访自己的意思，像“我总是到你这儿来，你什么时候来我家”这类话尽量不说。

假如是事务性访晤，辞别时，你不妨再有意点一下：“这件事就拜托你了，非常感谢!”礼仪性访问，则不要忘记再次表示唁慰、祝贺或谢忱。至于主人，也要感谢来客的访晤，诚恳邀请客人下次再来，也可以预约回访时间。

寒暄应酬要得体

寒暄是双方见面时叙谈家常的应酬语言。虽是应酬，却不是虚情假意的客套，也不是阿谀奉承。它有助于人们互相了解，应当体现出对他人的真诚的关切。

1. 话题应是双方都熟悉或有兴趣的事物

寒暄的内容常常是天气冷暖、身体健恙、工作忙闲、学习好坏、最近活动、朋友亲属等。但是，寒暄时具体谈什么，要有所选择。访晤双方都要善于从贴近处挑选，双方均有兴趣或均有鲜明感受的话题。话题须出于自然，包括墙上挂历、耳际音乐等，都可引起寒暄语。

寒暄语一定要突出选择性，若对方对这一话题不感兴趣，就要考虑马上换个话题。

2. 寻找共同语言

双方要寻找共同语言，以求得心理上的接近趋同。这样，寒暄对整个访晤活动，就是一个有推进作用的桥梁，谈话才能自然地深入下去，使双方缩短心理差距，在感情上靠拢了，从而为双方进一步晤谈建立了良好的基础。

3. 创造和谐气氛

寒暄时，双方的语言要诚恳，而不可虚情假意；要坦率，而不可吞吞吐吐；要自然，而不可卖弄做作。特别是，要由衷地关注对方苦乐，急人所急，爱人所爱，并以相应的语言表达自己的真实情感。这样，才有利于创造越来越投机的和谐气氛。

语言上要以礼待人

人们在日常生活中之所以造成一些不和，很多与出言不逊有关。因此，要学会说话，应首先在言辞上注意尊重对方的人格，做到以礼待人。

任何人都希望得到别人的尊重。谁要遭到他人言辞上的污蔑和攻击，也会程度不同地运用语言来还击和自卫。因此，说话时在语言上要以礼待人，它主要体现在以下几个方面。

1. 讲究“卫生”，不说脏话

脏话最容易把人激怒，人只要一发怒，谈话就难以进行。所以，我们与他人谈话时，一定要在嘴巴上多放个“哨兵”，切忌让有损于对方人格的脏话溜出口。

2. 融洽和谐，勿心是口非

口是心非乃做人的大忌，心是口非是交谈的大忌。所谓的心是口非就是有好心肠没有好的表达，“刀子嘴，豆腐心”指的就是这类人。心是口非在亲朋好友中交谈较为常见，家庭成员中的对话更是司空见惯，这样的例子不胜枚举。

3. 友好热情，不揭隐私

隐私是指人们不愿告诉别人或不愿公开的事。这种事人皆有之，对方不愿告人的事，你给公开了，这是对对方人格最大的不尊重，也最容易伤对方的心。至于那些把对方的隐私当作法宝，随意抛掷的做法，实在是太不可取了。

4. 平等相待，不说“官”话

这就是说，不要以为自己的职务比对方高，工龄比对方长，或者认为“真理”在自己这方，因此在与对方交往时，拿腔拿调，哼哼哈哈，甚至以势压人。而应把自己摆在与对方同等的位置上，以商讨的口气，温和的语调，用容易被对方接受的言辞与对方交谈。

5. 相容与共，不争强胜

争强好胜并非总是坏事，在工作中，追求事业上的争强好胜是应该鼓励的，是人有进取心和上进心的表现。但在交谈中争强好胜就不太妙了，往往会把交谈变成争辩，争辩发展为抬杠、钻牛角尖，最终导致强词夺理，甚至是人身攻击。争强好胜在年轻人中表现得最为突出。

6. 主动检讨，不说空话

主动地、实事求是地检讨自己的过错，求得对方的谅解，是尊重对方人格一种最实际的表现。同时也能唤起对方的同情之心和羞耻之感，继而做出友好的表示。

7. 真诚相见，不说假话

赤诚相见说实话，道真情，是求得对方帮助的一个有效的方法。因此，一定要以心换心，说真话，讲实话，切忌用花言巧语来欺骗对方，这样才能两心相印。

俗话说：打人不打脸，骂人别揭短。寻错揭短也是话不投机的一个重要原因。人非圣贤，孰能无过，抓住别人的一点过错、短处不放，数落、埋怨，就不可能有良好的交谈效果。

所以，我们在交谈时，千万不要带有丝毫的不满情绪，更不能说气话。倘若对方生气，我们也应该在语言上给以劝慰和忍让。

尊重对方的人格是最大的礼貌

说话时尊重对方的人格是最大的礼貌。如果在语言上进行人身攻击，不但有辱于对方的人格，自己的人格也会因此而降价。

美国人欣赏英俊的外貌，沉着潇洒、彬彬有礼的绅士风度，赞赏幽默机智的谈吐。1960 年，尼克松败在肯尼迪手下，就是因为在电视辩论中风度与谈吐均不如肯尼迪。里根之所以能当上总统，与他在当电影演员时培养出来的潇洒风度和练就的好口才有很大关系。

克林顿之所以能当选总统，与他注意给竞争对手人格上的礼貌有很大关系。从外部形象看，年仅 46 岁的高大、英俊的克林顿当然比年纪老迈的布什占有很大的优势，但布什是一个很难对付的对手，他是一个老牌政客，在从政经验的丰富与外交成就的显赫这两个方面，克林顿无法同他相比。故而克林顿在三次电视辩论中决定采用以柔克刚的办法，不咄咄逼人，不进行人身攻击，要在广大听众面前展示出一个沉着稳重，从容大度的形象。

在 1992 年 10 月 15 日第二次电视辩论中，辩论现场只设一个主持人，候选人前面都没有讲桌，只有张高椅子可坐，克林顿为了表示他对广大电视观众的尊敬，一直没有坐，并且，在辩论中减少了对布什的攻击，把重点放在讲述自己任阿肯色州州长 12 年间所取得的政绩上。克林顿的这种以柔克刚，彬彬有礼的做法，立即赢得了广大观众的好感。

最后一次电视辩论中，克林顿英俊潇洒的姿态，敏捷地论辩与幽默机智的谈吐使他大出风头。他在对布什的责难进行了有效的反驳以后，很得体地对广大电视观众说："我既尊敬布什先生在白宫期间的为国操劳，又希望选民能鼓起勇气，敢于更新，接受更佳人选。"话音刚落，掌声雷动。

电视辩论不但可以显示总统候选人的竞选主张，更重要的是还能展示候选人的素质和能力，如形象、风度、思维能力、表达能力、应变能力等。克林顿抓住电视这个受众面最广的传媒，在辩论中以有礼有节的讲话策略与布什竞选，赢得了广大选民的信任和支持，也展示了自身良好的风度和形象。

在与他人交谈时尊重对方的人格，注意给竞争对手人格上的礼貌，从而展示出自己沉着稳重、从容大度的形象，让他人在你敏捷的论辩与幽默机智的谈吐中，欣赏你英俊的外貌，沉着潇洒、彬彬有礼的绅士风度，赞赏你幽默机智的谈吐，从而使你的良好形象留在他人的脑海中。

说话的风度

一个人说话时的言谈举止与表情，综合体现为说话的风度。说话风度是一个人思想、道德、情操、气质、性格、知识、感情等综合性的外部表现。

在与人交谈的过程中，要想给人留下好印象，就应该注意在说话时的言谈举止与表情，把握下面这些问题，你便可以成为一个有交谈风度的人。

1. 表情自然，态度安详

不少人在众人面前说话时，容易怯场。首先是呼吸不正常，这样就无法说好话。一旦想要说话时呼吸紊乱，氧气的吸入就会减少，势必影响大脑的正常工作。

说话时是按下列程序发生不正常情况的：怯场——呼吸紊乱——头脑反应迟钝——说话支离破碎，调整呼吸会使这一情况恢复正常。

说话前深呼吸，全身不用力，使全身处于松弛状态，静静地进行深呼吸，而且在吐气时稍微加一点力气即可。这样一来，心就踏实了。做出有意识的笑的状态可保持镇定。笑的时候，吐气中加入力气。笑对于缓和全身的紧张状态有很好的作用。笑能调整呼吸，还能使头脑的反应灵活，话语集中。

2. 神态专注，动作稳重

交谈一般是由两方组成的，而每一方都担负着两个任务：说和听。你的“说”是为了对方的“听”，你的“听”又促成了对方的“说”。

但是我们周围的许多人在与人交谈时却忽视了这一点。他们顾不上听人家说了些什么，或是匆匆忙忙地截断别人讲话，或是心不在焉地听别人谈话；或是断章取义地对待别人谈话；或是滔滔不绝地大吹法螺。

很明显，善于倾听在无形中起到了褒奖对方的作用，是建立良好人际关系的一种手段。

你若能耐心地听说者倾诉，这等于告诉对方“你说的东西很有意义”“你是一个我喜欢交往的人”。无形中，说者的自尊得到了满足。于是，说者对听者就会产生一个感情上的飞跃。彼此心灵间的交流使双方的感情距离缩短了。

说话可适当做些手势，但不要过大，更不能手舞足蹈，或用手指指人。交谈双方距离不宜太远，也不宜太近，要根据双方关系亲密程度而定。

3. 声音适度，语速适中

当你与人交谈时，你的声音怎样，这是一个要注意的问题。

（1）你要注意，你说话是否太快？我们常见许多人说话像放连珠炮，有的快而清楚，有的快而不清楚，听了以后也不知所云。因此应训练自已，说话时声音要清楚，快慢适度。说一句，人家就听能懂一句，不必再问你。

（2）你说话的声音太响吗？在嘈杂的公共场所提高声音不得已，但平常环境就要注意收敛一下。在客厅里，在公共场合，过高的声音会使人同样感到难堪。除非对方听力不佳，你说话时要记住，对方听力没问题。

抑扬顿挫，这是调节你声音大小强弱的做法。若想你的话如同音乐一般动听，不可忘记在应快时要快，应高时要高，应缓时要缓，应低沉时要低沉。毫无节奏的说话，是最易使听者疲倦的。

4. 与身体语言相配合

与没有反应的人说话如对着木偶人谈话一样，使讲话人兴趣索然。交谈中的反馈方式，可以通过眼神的交流，点头示意，手势以及显得轻松而有礼貌的表情、姿势等。

加入别人的谈话，要先打招呼。人家在个别谈话时，不要凑前旁听。若要插话，最好等别人把话说完。别人与自己主动说话，应乐于应答。有第三者参与谈话时，应以握手、点头或微笑表示欢迎。交谈中有事要离开，应向对方打招呼，表示歉意。

交谈现场超过三人时，应不时与在场所有人攀谈几句，不要只与某个人谈，或只谈两人知道的事情而冷落第三者。如果所谈问题不想让别人知道，则应另找合适的场所。

结束交谈有技巧

一次好的交谈，欲达到“与君一席话，胜读十年书”的效果，也要有一个很好的结尾，余音绕梁，三日不绝。

在交谈中，人们普遍重视开头，万事开头难，面对结束谈话，人们往往不以为然。话说完了，说声“再见”不就结束了吗？

其实，结束谈话并非如此简单。

那么，怎样结束谈话，才能给人留下难忘、美好的印象呢？以下介绍几种结束谈话的技巧：

（1）切忌在双方热切讨论某一问题时，突然将对话结束，这是一种失礼的表现。如果一时出现僵持的局面，应设法把话题改变，一旦气氛缓和就应赶紧收场。

（2）不要勉强把话拖长。当发现谈话的内容已渐枯竭时，就应马上道别。否则，会给对方留下言语无味的印象。

（3）要小心留意对方的暗示。如果对方对谈话失去兴趣，可能会利用“身体语言”做出希望结束谈话的暗示，比如，有意地看看手表，或频繁地改变坐姿，或游目四顾、心神不安。遇到这些情况，最好识趣地结束谈话。

（4）要把时间掌握得恰到好处。在准备结束谈话之前，先预定一段短时间，以便从容地停止。突然把谈话结束，匆匆忙忙地离开，会给人以粗鲁无礼的印象。

（5）笑容是结束谈话的最佳句号。因为最后的印象，往往也是最深的印象，可以长期留在双方的脑海之中。

（6）在有些交谈结束时，说一些名人格言、富有哲理的话，或是美好祝愿的话，往往会产生很好的效果。

第六章 会议演讲技巧

无论是在上万人的集会上，还是在十几人的会议上，要想使自己的演讲引人入胜并不容易。德肖维茨教授指出，无论何种性质的演讲，其准备工作都是相当重要的。那么，会议演讲有什么技巧呢？

演讲之前先熟悉会场

每一个经常发表演讲的人都知道，演讲之前先熟悉会场，第一可增进对会场的亲切感，第二便于促进双方情感的交流。

但是，哪些场景是演讲者应该留意的呢？

除了要留心举办单位关于会场的概略介绍，还应该留意会场所在地的地理特征，场地视界，场内标语，桌椅安排，设备配置，等等。当你了解并熟悉了会场四周的情况后，才好在话题中适当地套用。这样一来，就增进了双方的融洽，使话题内容更加生动亲切，从而激起听者更大的聆听兴趣。

把握会场状况的另一大要素就是要注意在自己演讲之前，应该专心地聆听别人的讲话，这不仅是一个礼节问题，更重要的是可以将别人话题中的妙处技巧性地在自己的话题中加以运用，以弥补自己话题中的不足。比如：

“刚才陈校长提到了我校今年共有 10 个参加全市语文竞赛的名额，下面我也向大家介绍一下，这 10 名参赛学生应该具备什么样的条件……”

引用他人言论可以很自然地引出话题，传达自己的心意与想法，并将自己的话题加以发挥；同时还可避免与前者话题的不连贯。所以，引用得当是有不小功用的。

总而言之，在未演讲前先认识一下会场，了解一下方方面面的情况，并注意前者说话的内容，对你自己的演讲有很大的帮助。

用自信战胜怯场

会议的成功与否，往往取决于全体与会者是否都在积极地参与，不只是身到，更是要心到。只有心到才便于促进双方情感的交流。但是，有的人平时说话感觉良好，一到了会场上，心里的话就不能如意地表达出来，还有的人在会议上干脆就是低着头一言不发，并且，生怕别人请他发言，这是由于恐惧心理在作怪。因此，恐惧心理是阻碍开会时采取积极态度的重要原因。

然而，心理压力的产生是多方面的，并不完全是因为个人的说话能力不够或是怕羞所致。

不少人天生就有一种怯场感，不敢在大众面前流露自己的真实思想，可是，这种怯场的感觉别人体会不到，从而招致一些人的非议。

每当这种时候，怯场者便有一种难以言说的委屈，即使准备得再充分，就是不敢在会上讲出来。

其实，这种怯场的感觉许多人都曾经有过，只要有人要他在会上演讲，他心里就会打鼓，准备好的腹稿到会上就是说不出来。因此，你必须树立起坚强的自信心，用自信心去战胜怯场心理。日子一长，这种怯场心理就会逐渐地消失，只要你有了信心，无论在多少人的会议上演讲你都会从容自如，而不会感到恐惧。

在树立信心的同时，你应该针对会议的中心议题先作一番明确的调查，收集资料并加以整理，同时，在心里反复练习，只有熟悉了会议内容，又能将自己所要说的话题烂熟于心，才能从中获得自信。

还有，你不管在什么场合，都不要去依赖别人。只要是该你说的话，就要在大众面前信心十足地说出来。只有这样，才能克服自卑，消除恐惧。

当你在无论有多少人的集会上都能信心十足地从容演讲时，那么，你的怯场心理也就自然地消失了。

演讲要绷紧时间这根弦

一个大家一致公认的，具有说话技巧的人，肯定知道怎样安排自己的说话时间，也能够适时地把握听者的情绪。

你可能曾应邀为某校的毕业典礼致辞，也可能为某对新婚夫妇当过证婚人，或许你现在还没有，但不见得以后就不会有。因此，有必要学一学这方面的常识。其实，这方面的常识并不复杂，只是你在讲话的时候注意掌握好对时间的控制，说话简洁明了，就一定会受到听众的欢迎。千万不要站在台上发表一通又臭又长的陈词滥调，否则，你的演讲不但无人愿听，并且还会引来一阵“嘘”声。

一般来说，发表演讲可分为两种类型，即带稿演讲和不带稿演讲。带稿的演讲心理负担小，只要懂得安排自己的讲话速度，配合好演讲的时间即可。不带稿的演讲就要麻烦些。首先，你必须非常熟悉自己所要说的话题内容，拟订出主题、副题、引证和结论这四项话题大纲。

比如，以十分钟演讲为限，那么，主题的叙述只可安排在一分钟内，将你演讲的话题主旨介绍清楚就行了；副题使用时间也不必过长，有一分钟左右的时间加以概述就行。假如在此占用时间过多，必定会占去引证的时间，而引证往往不止一个两个，如果每一个引证占用一分钟，时间就会越拉越长。当然，引证太多的时候可以采取“浓缩”的方式，尽量使自己的讲话言简意赅，然后，留个一两分钟作结论，你的演讲便大功告成了。

这只是短时间演讲，假若要作30分钟以上的演讲，那就应另当别论。由于时间充裕，你可将主题要旨、事实背景，条例制定、结论依据等一一加以细述，只要在预定时间内，适当地结束便可。

然而，演讲者也可能碰到这样的情况，就是当你事前做好了讲10分钟的计划，事到临头却请你务必讲20分钟！那么，如何配合变动的时间来完成演讲，这里面就有一个技巧的问题。

当你遇到这种情况时，切记，不要心急口慌，继续以你话题的大纲为基础，采取延长演讲时惯用的“扩大法”，将事前拟订的内容尽可能地发挥，并在引证部分增加对内容的补充，再适当地将可以调节气氛的笑话，或能引起听众兴趣的例子加入话题之中，就能够收到很好的演讲效果。

但是，当你做好了在某个集会中演讲30分钟的计划，突然通知将原定时间缩短一半时，你也不必惊慌，你只需采用“缩小法”，仍然按照原来的话题结构，将话题、引证和结论的内容酌量减少，尽量使语言精练一些，就可将话题的原定时间缩短，只要你演讲的话题主旨清晰，没有因为时间的不足而显得凌乱无序，你的演讲就成功了。

当然，控制好演讲时间并非真的就这么容易，因为，演讲时间太长听者会厌烦，而时间不足又会认为你草率从事。特别是在没有讲稿的情况下，最容易失去控制。

其实，你不妨在开始演讲时将手表放在讲桌上，让它来提醒你；或是看看墙上的挂钟，由它来配合你；只要看时间的动作不太明显，听众一般是不会察觉的。当然这只是个下策，若你能在演讲中恰到好处地完成话题，那就是真技巧了。

演讲口语要通俗易懂

口语和书面语的不同之处在于，一是利用视觉，可以仔细察看、辨认、思索，一是利用听觉，只能在听清听懂之后才能理解。

通俗易懂，是演讲语言的一个特点，即用听众熟悉，能马上理解的语言，把要讲述的内容，用浅显明白的话语表达出来，避免采用生涩、艰深、奥僻的词语，避免引用不好理解的古文和诗词，避免过多使用专业术语和学术名词。总之。语言要明朗化、浅易化、大众化。著名的演讲大师都非常注意这一点。

请看 1972 年周恩来总理在欢迎尼克松时的演讲词：

“尼克松总统应中国政府的邀请，前来我国访问，使两国领导人有机会直接会晤，谋求两国关系正常化，并就共同关心的问题交换意见，这是符合中美两国人民愿望的积极行动，这在中美两国关系史上是一个创举。

美国人民是伟大的人民。中国人民是伟大的人民。我们两国人民一向是友好的。由于大家都知道的原因，两国人民之间的来往中断了 20 多年。现在，经过中美双方的共同努力，友好来往的大门终于打开了。目前，促使两国关系正常化，争取和缓紧张局势，已成为中美两国人民强烈的愿望，人民，只有人民，才是创造世界历史的动力。我们相信，我们两国人民这种共同愿望，总有一天是要实现的。”

周总理的演讲是一次重大的政治演讲，但他的演讲词却非常口语化，很通俗，听起来很直白，但并不浅显，因为它蕴含了深刻的内容。

我们再看一个学术演讲的例子：

鲁迅先生在一次学术演讲中，曾提到一种叫“五石散”的药，鲁迅先生就对此进行了解释：“‘五石散’是一种毒药，是何晏吃开头的。汉时，大家还不敢吃，何晏或者将药方略加改变，便吃开头了。五石散基本大概是五样药：石钟乳、石硫黄、白石英、紫石英、赤石脂；另外怕还配点别样的药。”

鲁迅先生就是通过这种通俗易懂的解说，使听众对原来不熟悉的“五石散”有了清楚的了解。

演讲要紧扣主题

不知你在听演讲时，有没有碰到过这种情况：有时候，演讲的人在台上夸夸其谈，坐在台下的听众却根本听不懂他在说些什么。

一般来说。不少演讲者刚开始说话时还能够把握中心，切中题意，但是，说着说着就离题了，甚至不管三七二十一地天南海北瞎扯起来。

有时候，演讲者自己也不知道自己究竟扯了些什么玩意，叫听众如何去领会。肯定是迷迷茫茫的无所适从了。

作为一个演讲者，应该自始至终把握演讲的主题，小心谨慎地按照既定的说话原则去陈述，不然的话，听众的兴趣会因为听不明白你的意思而大减，而你的演讲肯定是劳而无获了。

因此，若想在演讲紧扣主题，首先必须训练自己紧扣主题的演讲技巧。因为一个善于演讲的人，要通过自己的演讲，表达既定的方针和计划，所以，在学说时一定要紧扣主题，才能使听众完全听明白，只有这样，演讲才会达到高潮，你才能收到演讲的成效。

因此，在演讲之前简单扼要地写出演讲提纲，你就能够非常清楚地知道自己所要讲的内容，哪怕这份提纲只有三言两语，也能为你在演讲中紧扣主题作最好的提示。若是台下听众的素质很高，你就更有必要事前拟好提纲。

演讲前按照所讲内容的顺序拟出一份简单扼要的提纲后，然后在提纲中附上序文，形成一副有形的骨架，这样，演讲时你无论怎样添油加醋地加以发挥都不会跑题，势必在听众中形成强而有力的高潮。

演讲要善于抓住听众

一个好的演讲者，善于一上台就用一些富有戏剧性的语言刺激听众的兴奋点，使听众的眼睛再也不愿离开他的脸，耳朵也不愿听除了他以外的任何声音，这样的演讲者已经具备了一定的水平。

也就是说，他一开始说话就把自己的形象在听众的脑海是打下了烙印，使得听众对他刮目相看，因而，对他的整个演讲都不愿分心。

新鲜好奇是人的本性，假如你的话题新鲜而有趣，听众的注意力自然被你吸引过来。

例如下面这段开场白；

“目前下岗工人的就业问题，确实潜伏着一定的危机，我们当干部的，就像处在婆媳对立夹缝中的男主人一样……”

这样，听众的情绪肯定为之高涨，因为，听众急着想知道下面的内容，只好竖起耳朵来认真地听。

总之，一开口说话就能引起听众兴趣的演讲者，他一定要学会一旦拥有了听众就要紧紧地抓住他们，不要轻易地放松他们，要达到这个目的，你下面的演讲也一定要做到精彩流畅。

引人入胜的演讲技巧

有些人不知道什么样的讲话才叫演讲，以为在上万人的集会上才称得上演讲，其实，演讲大多是在几人或几十人面前进行的。商务代理、工厂监督、办公室工作人员、讨论课上……人人都可通过自己引人入胜的演讲给别人留下深刻的印象。

无论是在上万人的集会上，还是在十几人的会议上，要想使自己的演讲引人入胜并不容易。德肖维茨教授指出，无论何种性质的演讲，其准备工作都是相当重要的。被誉为全球最著名的刑事辩护律师的哈佛大学法学院教授德肖维茨自25岁在哈佛大学法学院任教，28 岁即被评为该校法学院最年轻的全职教授。他打赢了上千个官司，其辩护技巧为美国律师界所瞩目。他曾多次在哈佛大学的讲座上，给哈佛学子讲述演讲的技巧。他认为，一场引人入胜的演讲其准备工作可分为四步：

1. 挑选适当的主题

合适的主题应该是你印象最深的事情。众目睽睽之下，唯一能使你感到轻松的办法就是要清楚自己要说的是什么，要完全自信。例如，当年美国人质在伊朗被扣押时，电视中转播了他们的夫人被采访的情景。她们虽然未经过正式的训练，但在发表电视演讲时，都滔滔不绝，能驳善辩。这是因为她们的雄辩出自于内心深处。

挑选听众最感兴趣的主题并做简略提示。假如你要说有关改进办公效率的问题或要把某项计划介绍给某公司董事会，那你就要强调它所带来的利润。如要对某项任务的执行者做演讲，就要着重讲怎样才能使他们的工作更为便利。必须懂得：每个听众的想法都一样——从中我能得到什么。

2. 有逻辑性的组合话题

首先要有一个开头语，一般是对你所要谈及问题的简短叙述。然后是正文部分，包括你要说明的主要内容。还要有一个结尾，用它来总结整个的演讲，归纳起来就是：预告、正告、总结。此外最好能引用一些常见的典故、名言等做引子说明你所要谈及的内容，从而使听众易于记住你所说的事，并能跟随你的思维行程。

3. 单独预演

把预演内容准备好之后，需要单独预演。练习最好是自己单独完成，因为你是要当众演讲，而不是与别人单个讨论。练习时还要设想听众的各种反应。

只要可能，在你要演讲的地点还要做一次预演，这样在你真正演讲时就会感到轻松坦然。

4. 简短提纲

做演讲最忌讳的莫过于手捧稿子照本宣科了，它是不可能令人感到自然的。如果需要，可把主要内容的标题简短地写在小纸条上，演讲时对纸条快速的一瞥可以触发你的思维。要懂得，稿子写得越繁杂越无益，对稿子看得越少，你与听众就能得到更好的交流。

临场发挥要自如

演讲时临场发挥相当重要，尽管你把演讲提纲准备得天衣无缝，如果你演讲时不善于发挥，那么你的演讲就很难吸引听众，演讲就不算成功。因此，要想使自己能够在演讲中发挥自如，使你的演讲获得成功，演讲时可做三步走：

1. 与听众交流感情

一般来说，并不需要什么专门的讲演术，只要自己能发挥自如就会少出差错。话语要简短，多采用些例子，趣闻轶事也能有助于你与听众建立感情。讲演时的目光一定要看着听众，从中寻找友好热情的面容，而不要理睬那些冷漠呆板的表情。

对于职业讲演者，幽默是很有用的工具。但对一般人来说，如果不是能运用得非常自如，就不必使用。利用幽默本身就能说明这个观点，注意不要用这样的话开头：“在讲演之前，我先告诉你们一个笑话。”这样说对你所要讲的内容不仅无益，反会影响实际效果。

2. 不要道歉

如你发现演讲出了毛病，决不要提及它，如遇听众态度冷淡，也不要理睬，要沉着镇静，要显得轻松自如。如把要讲的内容忘了，也不要告诉听众（听众是不会知道的，除非你告诉他们）你可重复刚才讲过的内容，以便得到一个思考机会，或继续谈别的内容。即使你感到紧张怯场，也不要慌张，要知道某种程度的紧张反而有利。

3. 推出高潮

你应有一个预定的演讲目的，演讲中始终要围绕着此目的进行，演讲不要过于冗长，最后要人们把号召付诸行动。

演讲表达要生动有力

演讲本来就不同于一般交谈，也不是朗读，它既有讲，又有“演”。当然，讲是主要的，是第一位的。要使准备好了的内容，得到生动有力的表达，要有艺术魅力，吸引听众，就需要语速合适，恰当地运用语调的技巧，增强口语的美感。

语速，即说话快慢速度。语速要处理好，需要注意两点：

一是就整体而言，语速不可过快，也不可过慢。过快，像打机关枪似的，只管自己噼噼啪啪地射出一连串的词语，不管听众是否能听清，这样是谈不到好效果的。听众捕捉词语都来不及，哪里还有思考的余地，听一阵子，他们就反感了，倦怠了。过慢，像老奶奶讲故事似的，词和词之间、句和句之间，拉得格外长，使听众等得不耐烦，听一会儿他们也会无精打采了，或者就干脆不听了。所以，就整体来说，语速要适中，以听得清为原则。

二是语速要以内容为转移，要根据思想情感表达的需要，做出恰当的处理。当快则快，当慢则慢，有所变化，讲究节奏适宜。这样做本身就是语言艺术性的体现。请看两个例子：

例一：什么叫正气呢？正气就是所谓浩然之气，即孟子所说的“为气也，至大至刚”“塞于天地之间”。我们可以把这种正气看作是中华民族之魂。……

例二：青年朋友们，爱我们的国家吧，爱我们的民族吧，同心协力，把我们民族的正气，把我们中华民族奋发图强的爱国主义精神极大地发扬起来！

以上两段演讲词选自李燕杰的《国家、民族与正气》，上一段在全文的中间，下一段在篇末。很显然，不能用一样的语速来讲，前一段语速相对来说要慢，因为，它是给听众从容讲解什么是“正气”；后一段则要快，因为它是号召、激励青年朋友们发扬正气，具有极强的鼓动性，语速慢了，就减弱了它的力度。

大体说来，就内容来说，表现深深思索，非常失望，过于悲惨的内容要用慢速；交代情节，插叙故事，引证词等处，要用中速；抒发激情、鼓舞志气、号召行动，抨击、责问等处，要用快速。就句式来说，陈述句、被动句，要用慢速；反问句、感叹句，语速要快。全篇的语速基调到底如何确定，哪里当快速，哪里当慢速，要在演讲前处理好。语速的变化还不能太突然，要有过渡，只能逐渐加快或减慢，否则，就会给读者造成突兀的感觉，使他们理解和感受起来发生困难。

语气，即说话的轻重。它包括：

（一）重读

重读是指将句子的某些词语读得比较重的现象。从句子语法结构分析，有的成分需要读得重一些，有的需要读得轻一些。重音可以起到强调重点、加重语气、突出感情的作用。同样一句话，由于重音的位置不同，表达的感情和含义就会不同。比如："我去演讲。"如果重音放在"我"上，意思是排除其他人，强调的是"我"；如果重音放在"去"上，强调不拒绝，务必去；如果重音放在"演讲"上，强调我去不是干别的事，是参加演讲。

重音一般分为语法重音和强调重音。语法重音是根据句子的语法关系来确定的。它的位置比较固定：如：

谓语部分重读。"国家富强，人民幸福。"名词前面定语部分重读。"改革的步伐在加快。""孩子有远大的理想。"动词、形容词前面的状语部分重读。"董事长慢慢地走了。""谈判气氛渐渐地好起来了。"补语部分重读。"讲演稿已经写完了。"疑问代词或指示代词重读。"孩子们有什么不对?""这是正确的结论。"

当然，在实际口语交际中，为了表现某种特殊感情，可以对语句的重读做临时的处理，目的是为了强调、突出。这种现象就是强调重音或逻辑重音。它是根据思想内容表达的需要和演讲者的感情与心理变化而设置的。

（二）停顿

停顿是造成语速的要素之一，恰当的停顿，可以使演讲的内容得到清楚的表达，使语言呈现鲜明的节奏感。停顿的作用有三：一是为了呼吸换气，二是为了提示话题，三是为了加强语言表达效果。斯坦尼斯拉夫斯基说过："顿歇本身仍然具有影响听众情绪的力量。"

停顿的时间有长有短，段与段之间停顿时间较长，句与句之间稍短，词组与词组、词与词组、词与词之间停顿时间更短。当然，这也不是绝对的。

1. 呼吸停顿

呼吸停顿是为了换气的需要，在演讲遇到长句子时，就用这种停顿来调节呼吸。当然它不是破坏语法停顿，而是在语法停顿基础上所做的停顿。

2. 语法停顿

语法停顿表现在书面语言上就是句与句之间（包括分句间）的一个个标点符号。表现在演讲中，除了句与句之间的停顿之外，还有句中的停顿。如：“改革/势在必行。”“话/不能这么说，道理/不能这么讲。”这就是因话题要引起听众重视所做的主语后的停顿，又叫“话题停顿”。

3. 强调停顿

为了强调某个问题，或是突出某种感情而做的停顿，叫强调停顿。这种停顿不是为了调节呼吸，也不是受语法停顿的限制。例如：

（1）只要大家团结起来，你，/我，/他，/紧紧地拧成一股力量，/就没有克服不了的/困难。

例句中的“你、我、他”一词一顿，就是为了突出和强调我们“大家”团结的重要。

（2）他这么做/到底/有什么不对？/请大家好好想想。

例句在“做”与“底”之后做停顿，就是为了强调他这么做没有什么不对。

演讲要善用短句

演讲语言的短句特色，指演讲者在演讲中，把本来可以用长句表达的意思变成短句，使演讲语言显得短小精悍、明快有力。

1985年9月底，上海青年报记者对上海铁路新客站工地总指挥，进行了关于“212工程什么时候能完成”的采访。

总指挥严肃地发表即兴演讲：“不超国家预计开支，不误工期！这是我们向党、向人民立的军令状。缩短生命，无所畏惧！延长建设工期，办不到！党，不允许；人民，不允许；我们的年龄，更不允许！……困难再大，我们靠党的领导，人民的支持；问题再多，我们靠设计人员的聪明才智去攻克难关；时间再紧，我们靠创业者争分夺秒的拼搏精神……”

这位总指挥的演讲，斩钉截铁，掷地有声，充分表现了大无畏的英雄气概。在这里，可以看出，总指挥的演讲有一个重要的特点：句子短。

与短句相比，长句无论在气势方面，还是在力量方面都要逊色得多。所以，短句特色是提高演讲效果的一种重要方法。

据不完全统计，善于宣传鼓动的我国老一辈革命家，如毛泽东、陈毅，著名文学家鲁迅、闻一多，以及当代的宣传教育工作者李燕杰、曲啸、彭清一、刘吉等人的演讲，比较喜欢使用八个字左右的短句。

国外的一些演讲大师，如列宁、林肯、丘吉尔等，讲的是欧化语言，虽然句子稍长些，但也喜欢控制在10个字（中文译文）以内。

所以，从中外演讲大师的实践来看，短句特色是一种成功的演讲技巧。

从比较的角度考察，书面语言句子长，优点是精确、全面，缺点是呆板和累赘、冗长。而演讲句子短，简洁明快，生动有力，充满生气；在演讲时总有一定的“不言而喻”的情境和语境，表达时可以借助非言语传播手段（如语调、语速、衣着、手势、表情等），所以，尽管句子简短，仍能细致入微地传情达意，而且朗朗上口，有助于记忆，因此，能收到很好的演讲效果。

如“人不犯我，我不犯人；人若犯我，我必犯人”“敌进我退，敌驻我扰，敌疲我打，敌退我追”“不是不报，时候未到；时候一到，一切都报”等，也都是长句短说的典型例子。

这些短句，不仅简洁明快，而且能给人以深刻印象，便于记忆，经久不忘。

正如恩格斯所说：“言简意赅的句子，一经了解，就能牢牢记住，变成口号，而这是冗长的论述绝对做不到的。”

由此可见，要提高演讲效果，就要注意长话短说，使句子简洁明了，短小精悍。

革命导师列宁在《纪念葛伊甸伯爵》的演讲中，曾用三句长、短句交叉的语言，深刻地揭示了这样三种典型人物：

“意识到自己的奴隶地位而为之做斗争的，是革命家；意识不到自己的奴隶地位而过着默默无言、浑浑噩噩的奴隶生活的奴隶，是十足的奴隶；津津乐道地赞赏美妙的奴隶生活，并对和善的好心的主人感激不尽的奴隶，是奴才，是无耻之徒。”

在运用短句特色时，事先一定要有充分准备，能用短句表达的，决不用长句子，或者把长句子化为若干短句。在演讲时，若有的句子不宜变为短句，就不必硬性地使用短句，而应注意长、短句的交叉使用，使长、短句相互补充，相得益彰。由于演讲中疏密有致，波澜起伏，也能使演讲语言丰富多彩，吸引听众。

演讲语言的名言特色

名言一般是精粹简练而又寓意深刻，它蕴含丰富的哲理和激情，有画龙点睛的作用。

演讲语言的名言特色，是指演讲者在演讲中穿插名人名句，为自己的议题提出权威性的依据，使自己的演讲增色生辉。

在引用名人名言时，根据卡耐基理论需牢记几个要点：

1. 少用“据权威人士说”

“据权威人士说”这句话，几乎成了大家的“口头禅”。然而，这句话，却空洞得十分可笑。因为稍加追究，“据权威人士说”中的权威人士是谁呢？你必须指出他的姓名来才对，要是你不知道他们是谁，那你怎么知道是他说的呢？

所以，用“权威人士言论”必须说得详细而确切，才能使人相信你所讲的权威是什么。

2. 引用“受欢迎的”名人的话

一个人的好恶，与自己的信仰有关系。如果你引用的名人为听众所厌恶，听众必然要对你发出“嘘”声。反之，引用“受欢迎的名人”的话，一般来说，就不会有人反对了，因为听众对喜欢的名人的感情是好的，听了比较入耳，崇拜都还来不及，怎会去反对呢？

3. 引用当地名人的话

如果你在某地演讲，最好要引用该地方上的名人的话，因为听众听了，会感到特别的亲切而易于接受。

4. 引用有资格讲这话的人所说的话

人必须有自我的角色意识。跑龙套的就是跑龙套的。同样的话，不同的人说出来，口气也不同。若引用别人的话，你应该问：这个人是否有资格讲这话？

例如，讲成功经验，某钢铁大王曾说过："我相信，一个人要想在事业上获得成功，真实的法门，不外是对于那一项事业热爱和有所专长。就我自己的经验来说，我的成功，是因为我选取了一种职业而努力去从事的缘故。"

若引用他的话就比较贴切，因为该钢铁大王一向为人们崇敬，他又是一位事业的成功者，自然有资格讲事业成功的话了。

5. 要尽量引用原文，不要以讹传讹

有很多名人名言都是通过间接材料得到的，如果演讲需要引用时，有条件的应尽量核实其原文，防止出错。

6. 要全面领会原文，不要把意思搞反

同样是说一句话，原著者可能是在说反语，是讽刺，但由于你不理解原文，轻易地拿过来就用，那就歪曲了原著者的本意，同时对于你的演讲也是不利的，容易被别人驳倒。

收放自如的声调与音量

一个优秀的演讲家，他的演讲技巧应该是语出惊人的，听众除了对他的演讲记忆犹新，对他这个人的印象也是难以忘怀的。

优秀的演讲家与一般人的不同之处在于：他必须能够把自己心

里想说的，以符合社会现实，符合逻辑规律，且又生动有趣的语言表达出来。

也就是说，一名优秀的演讲家，必须在语言上确实有他自己独特的语言魅力。

下面是几个现场演讲技巧：

1. 像每天说话一样自然

优秀的演讲实际上就是一般会话的变形与升华，不同之处是演讲时面对的是众多听众。

一个具备演讲特长的人，说起话来绝不会又叫又嚷的像炸豆子一样。

有的人演讲起来，不是哇啦哇啦地神气活现，就是装模作样地玩弄辞藻，这样的演讲只能是一锤子买卖，以后别人就不感兴趣了。

演讲不是雄辩，无论概念或者方式上都是两码事。

只有在演讲时说话如每天说话一样的自然，针对话题目标，把握演讲重点，用自己特有的风格说得听众心悦诚服，才称得上是成功的演讲。

2. 面带微笑地说

我们经常会说，一个好的演讲家必定有其独特的、能够吸引听众的个人风格。

这种风格没有什么特定的模式，生趣盎然的语言、潇洒合体的服饰……反正，能给听众眼睛一亮的感觉即是。

也就是说，一个演讲者必须形成一种与众不同的风度，哪怕他的声音高八度或是低八度，在听众听来，都是那样的恰到好处。

当然，要达到这一境界，还需要一张含笑的面孔。如果板起脸孔用冷漠的语气进行演讲，即便演讲内容很丰富，也难以引起听众的共鸣。

演讲时当你含笑走上讲台，听众即对你有了最初的好感，而你也因此有了信心，并由此消除了紧张感而精神抖擞地畅所欲言了。

假如在整个演讲过程中，你都能始终如一地面带微笑，听众的兴趣则更加浓厚，由此而对演讲产生共鸣，那么，你的演讲便达到了高潮。

自然生动而有力的声音是最为理想的演讲条件。

该强调时大声表现，该悲伤时缓和低沉，唯有这样，才能增强听众对你演讲的深刻印象。

3. 诙谐风趣地说

演讲的话题是否生动有趣，取决于演讲的话题是否有新颖的构想。

即使是一个很老的话题，也应该来一番新瓶装老酒的“包装”，使原本了解话题内容的听众们，也能从你的言语中体味到构想的活泼韵味。

为了达到这个目的，在演讲的时候，你应该尽量注意言辞生动，重点明确，吸引力强，就像一块磁铁石，使大家都自觉地向你靠拢。这些条件并不是在演讲的某一个瞬间就能完成，而是在适当的时机，像进餐时的调味品，时不时地来上那么一点。

从头到尾都用同一种腔调和速度来说话，其结果肯定以失败告终。因为，这样的演讲根本没有抑扬顿挫，也就谈不上什么效果了。

4. 时强时弱地说

只有强弱之分清晰的演讲，才不会显得单调乏味。当你在介绍某一个构想时，声音肯定是强而有力的，这能给予听者刺激，增加你演讲的吸引力。

但在介绍完了之后，你就应该将声调降下来，用一种柔和的，犹如窃窃私语般的语气与听者交流，显露出你与听众之间的亲切感。

假如能够达到收放自如的境界，那么，你的演讲可以说是非常富有魅力的了。

总而言之，收放自如的声调与音量，是一个优秀演讲家应该具备的不可或缺的重要条件，而语速的适时变化，也是在成功演讲中要特别注意的。

第七章

说服口才技巧

假如说服有什么成功秘诀的话，那就是设身处地替别人着想，了解别人的态度和观点。这样能更清楚地了解对方的思想轨迹及其中的『要害点』，瞄准目标，击中『要害』，使你的说服力大大提高。

说服要替别人着想

假如说服有什么成功秘诀的话，那就是设身处地替别人着想，了解别人的态度和观点。因为，这样不但能得到你与对方的沟通和谅解，而且，能更清楚地了解对方的思想轨迹及其中的“要害点”，瞄准目标，击中“要害”，使你的说服力大大提高。

曾经有人说，要想让别人相信你是对的，并按照你的意见行事，首先必须要人们喜欢你，否则你就要失败。可是如果你不能设身处地站在别人的角度，找到别人的诉求，又怎么可能让对方喜欢你呢？

卡耐基有一次租用某家饭店的大礼堂来讲课。有一天，他突然接到通知，租金要增加三倍。卡耐基去与经理交涉。他说：

“我接到通知，有点儿震惊，不过这不怪你。如果我是你，我也会那样做。因为，你是饭店的经理，你的职责是尽可能使饭店获利。”

紧接着，卡耐基为他算了一笔账：“将礼堂用于办舞会、晚会，当然会获大利。但你撵走了我，也等于撵走了成千上万有文化的中层管理者，而他们光顾贵饭店，是你花五千元也买不到的活广告。那么，哪样更有利呢？”经理被他说服了。

卡耐基之所以成功，在于当他说“如果我是你，我也会那样做”时，他已经完全站到了经理的角度。接着，他站在经理的角度上算了一笔账，抓住了经理的诉求——赢利，使经理心甘情愿地把天平砝码加到卡耐基这边。

有家电视台，每周设置一次关于人生问题讲座的节目，收视率比其他时段的节目要高出许多。

收视率之所以偏高，当然有许多的原因，但其中最重要的原因，是观众们欣赏节目中的巧妙答话。

大多数有疑难问题而上电视请教的观众，在开始时会对解答者所做的种种忠告提出反驳或辩解，并且显得十分不情愿接受对方所言。但久而久之，于不知不觉中就会对解答者所说的每一句话都颌首称是，看着电视画面，觉得比在电影院看一场电影还要好。

凡电视台的主持人或问答者，无不是精挑细选才产生出来的，所以光是听听他们的说服方式也获益不少。

对于不易说服的人，最好的办法就是使对方认为你与他是站在同一立场的。通常出现在这类探讨有关人生问题的电视节目上的观众，以离婚女子占多数。此时负责解答疑难者常说的一句话是：

“如果我是你，我会原谅他，而且绝不与他分手。”

你千万别认为话中的“如果我是你”只是短短的单纯的一句话而已，殊不知它能发挥的效力是多么不可限量！而这也是由于人人都认为“自己是最可爱的”心理所致。

如果你在说服别人的过程中，无意间使用了一些不太妥当的言辞，由于你巧妙地运用这句“如果我是你”，结果就会弥补你言词上的过失。不仅如此，它还能促使对方做自我反省，并终于感觉到唯有你的忠言，才是对自己最有利的。

说服要有情有理

一个人最关心的往往是与自己有关的一些利益，因为，人们毕竟生活在一个很现实的社会里，人要生存，就离不开各种与己有关的利益。所以，当你想要劝说某人时，应当告诉他这样做对他有什么好处，不这样做则会带来什么样的不利后果，相信他不会不为所动。

球王贝利，人称“黑珍珠”，是人类足球史上享有盛誉的天才。在很小的时候，他就显示出了足球的天赋，并且取得了不俗的成绩。

有一次，小贝利参加了一场激烈的足球比赛。赛后，伙伴们都精疲力竭，有几位小球员点上了香烟，说是能解除疲劳。小贝利见状，也要了一支。他得意地抽着烟，看着淡淡的烟雾从嘴里喷出来，觉得自己很潇洒、很前卫。不巧的是，这一幕被前来看望他的父亲撞见。

晚上，贝利的父亲坐在椅子上问他：“你今天抽烟了？”

“抽了。”小贝利红着脸，低下了头，准备接受父亲的训斥。

但是，父亲并没有这样做。他从椅子上站起来，在屋子里来回地走了好半天，这才开口说话：“孩子，你踢球有几分天赋，如果你勤学苦练，将来或许会有点儿出息。

但是，你应该明白足球运动的前提是你具有良的身体素质。可今天你抽烟了。也许你会说，我只是第一次，我只抽了一根，以后不再抽了。但你应该明白，有了第一次便会有第二次、第三次……每次你都会想：仅仅一根，不会有什么关系的。但天长日久，你会渐渐上瘾，你的身体就会不如从前，而你最喜欢的足球可能因此渐渐地离你远去。”

父亲顿了顿，接着说：“作为父亲，我有责任教育你向好的方向努力，也有责任制止你的不良行为。但是，是向好的方向努力，还是向坏的方向滑去，主要还是取决于你自己。”

说到这里，父亲问贝利：“你是愿意在烟雾中损坏身体，还是愿意做个有出息的足球运动员呢？你已经懂事了，自己做出选择吧！”

说着，父亲从口袋里掏出一沓钞票，递给贝利，并说道：“如果不愿做个有出息的运动员，执意要抽烟的话，这些钱就作为你抽烟的费用吧！”说完，父亲走了出去。

小贝利望着父亲远去的背影，仔细回味着父亲那深沉而又恳切的话语，不由得掩面而泣。过了一会儿，他止住了哭，拿起钞票，来到父亲的面前。

“爸爸，我再也不抽烟了，我一定要做个有出息的运动员！”

从此，贝利训练更加刻苦。后来，他终于成为一代球王。他的成功跟父亲的一番教导是分不开的。至今，贝利仍旧不抽烟。

说服要一语中的

那些善于辞令的人在说服他人时，总是能抓住关键，一语中的。如果你能做到这一点，你就能够成功地说服他人。

汉代著名丞相萧何有一次向汉高祖刘邦请求，将上林苑中的大片空地让给老百姓耕种。上林苑是一处为皇帝游玩嬉戏打猎消遣的大片园林。刘邦一听萧丞相居然要缩减自己的园林，不禁勃然大怒，认为萧何一定是接受了老百姓的大量钱财，才这样为他们说话办事的。于是，将萧何被捕入狱，同时审查治罪。当时的法官廷尉为讨好皇上，只要皇上认定某人有罪，廷尉不惜用大刑使犯人服罪。就在这紧要关头，旁边的一位姓王的侍卫官上前劝告刘邦说："陛下是否还记得原来与项羽抗争，以及后来铲除叛军的时候吗？那几年，皇上在外亲自带兵讨伐，只有丞相一个人驻守关中，关中的百姓非常拥戴丞相。假如丞相稍有利己之心，那么，关中之地就不是陛下的了。您认为丞相会在一个可谋大利而不谋的情况下，去贪百姓和商人的一点小利吗？"

简单几句话，句句击中要害。刘邦深有感触，终于认识到自己的错误，他感到非常惭愧。于是，当天便下令赦免萧何。

汉代的另一位开国元勋周勃，曾经帮助汉室铲除了吕后的爪牙，迎立汉文帝，有定国安邦的大功。可后来，当他被罢相回到自己的封地后，一些素来忌恨周勃的奸伪小人，便趁机向汉文帝诬告周勃图谋造反。汉文帝竟然也相信起来，急忙下令廷尉将周勃逮捕下狱，追查治罪。按当时的法律，凡是图谋造反者，不但本人要处死，而且要灭家诛族。

就在周勃大祸临头的时候，薄太后出来劝文帝说："皇上，周勃谋反的最佳时机是您未即位时，而先皇留给你的皇帝玉玺在他手上，并且，统帅主力部队北军的时候。但是，他一心忠于汉室，帮助汉室消灭了企图篡权的吕氏势力，把玉玺交给陛下。现在，他被罢相回到自己的小封国里居住，怎么反而在这个时候想起谋反呢？"

听了这话，文帝所有的疑虑都没了，并立即下令赦免了周勃。

可以想象，倘若没有人在他大难临头的时候站出来把事实真相说得入情入理，皇帝能赦免他吗？

说服要晓之以理

"动之以情，晓之以理"，这是劝导说服别人的最根本的原则。以理服人就是摆事实、讲道理，让人从你讲的道理中领悟到其正确性，从而接受你的意见，按照你的意见行事。需要注意的是劝导说服要对准要害。大凡被说服者，往往对某一问题想不开，结上了疙瘩，怀有成见。要说服之，非对准这个要害不可。否则，喋喋不休，磨破嘴皮，也是隔靴搔痒，不能解决问题。再就是劝导说理要具体实在，不能讲空话、套话和大话，需要的是实在的论证说理。

下面请看陈毅同志说服一个私营工商业者的故事。

解放初期的一天，陈毅市长到一家纺织业厂里，他笑着说："老板，我冒昧来访，欢迎吗？"

这位老板正为一件事发愁，便发起牢骚来："陈市长，今天工会又来要我废除'抄身制'。不当家不知柴米贵。工人下班有抄身婆搜身，还经常丢纱呢，如果取消抄身制度，纱厂不被偷光才怪呢！"

陈毅品了品茶，不紧不慢地说："要说办工厂，我要拜你为师。因我只当过工人，没有经营过工厂嘛！要说管理工人，教育工人，你要向我学习哩！我参加了革命，就一直搞宣传群众，组织群众的工作，在这方面我可以给你当参谋，还带'长'呢！你倒是要我这参谋，还是不要？"

经理连声说："要，要，请您快说。"

"我在法国当过工人。那个工厂大得很，老板也比你厉害得多。厂子四周筑起高墙，拉上电网，还雇了一大帮带枪的警察，对每个下班的工人，从头搜到脚，那过细的劲头，身上硬是连一根钉子也藏不住。但结果呢？原料、零件还是大量丢失，为什么呢？老板把工人只当成会说话的工具，劳动很重，工资很少，工人实在无法养家糊口，工厂赚了钱对工人毫无好处，他们为什么不拿呢？现在不同！工人翻身当了主人了，他们懂得生产经营搞得好，新中国才能富强起来，工人才能改善待遇。你们虽是私营企业，但也是新民主主义经济的一个组成部分，一样可以有利于国、有利于民。所以，以我之见，你应该在纺织业带头，用我的办法试试看，废除抄身制，关心工人利益，待工人如朋友，如弟兄，有困难多与他们商量着办。我相信眼前的困难会克服的。”

经理听了连连点头：“想想是有些道理。”第二天，他就主动找工会研究，决定废除抄身制。

陈毅同志一番话，使资本家奉若神明的“抄身制”取消了，足见劝说有术，言之有力，这正是以理攻心的威力。

以理服人最重要的一点是摆事实，出言有据，事实确凿，对方的观点就会不攻自破。

以理服人还有许多技巧，比如从论据、论证、论点方面进行说理，都能达到目的。

说服要循循善诱

在日常生活中，说服的事情几乎随处可见。母亲病了不肯到医院去动手术，要靠说服；痴情女失恋痛不欲生，要靠说服；年轻人不求上进作风浮躁，要靠说服。

进行有效说服的一个较好的策略是采取迂回战术，不从正面入手。直接说服容易让对方产生抵抗心理，所以，不妨从侧面打开缺口。

伟大的十月革命刚刚胜利的时候，象征俄国沙皇反动统治的皇宫被革命军队攻占了。当时，俄国的农民们打着火把叫嚷，要点燃这座举世闻名的建筑，将皇宫付之一炬，以解他们心中对沙皇的仇恨。一些有知识的革命工作人员出来劝说，便都无济于事。

列宁得知此消息后，立即赶到现场。面对着那些义愤填膺的农民，列宁很恳切地说："农民兄弟们，皇宫是可以烧的。但在点燃它之前，我有几句话要说，你们看可不可以呢？"

农民们一听这话，便知列宁并不反对他们烧，于是答道："完全可以。"

列宁问："请问这座房子原来住的是谁？"

"沙皇。"农民们大声地回答。

列宁又问："那它又是谁修建起来的？"

农民们坚定地说："是我们人民群众。"

"那么，既然是我们人民修建的，现在就让我们的人民代表住，你们说，可不可以呀？"

农民们点点头。

列宁再问："那还是烧吗？"

"不烧了！"农民们齐声答道。

皇宫终于保住了。

迁怒于物往往是情感朴直、思维简单化的一种表现，这时关键在于疏导。面对激愤的群众，列宁的五句循循善诱的问话，理清了群众思路，保住了这座举世闻名的建筑。

他采取的步骤是，首先理解和赞同群众的观点，这样可以争取到引导群众的时间和机会；其次，正本清源，使农民们懂得，皇宫原来是沙皇统治者居住的，但修建者却是人民群众，如今从沙皇手中夺过来回归人民群众，就应该让人民代表住，这个道理是可以说服人的，因此农民们点了点头。最后一问，是强化迂回诱导的结果，让群众明确表态“皇宫不烧了”，从而完全达到了目的。

在说服的过程中，不能只讲大道理，但并不是就可以不讲“理”，如果将道理讲得具体生动，引人思索，让他们觉得是这么个理儿，就能一步步循序渐进地将道理说明白。

采用迂回论证法往往是因为问题复杂，或对方深怀敌意、居心不良，不便用一般手段对付。

实践中，主要针对如下两种情形：

（1）对方提出问题明显，你不能如实答复，也不便直接否定，不妨借用对手的选择做出“迂回”的表象。

（2）若对方的论证没有理性，使你难以接受其观点，不妨也非理性地提出对抗性的命题，对方必然要质疑，于是你就可以借他来求证，以反驳他原来的结论。

需要提醒的是，在使用“迂回论证”时，切忌把反击简单地落在“乌鸦说猪黑”“猪也说乌鸦不白”那样笨拙的反唇相讥上。

说服要善用“软”话

有时，人难免因一时糊涂做一些不适当的事。遇到这种情况，就需要把握指责别人的分寸。既要指出对方的错误，又要保留对方的面子。这种情况下，如果分寸把握不当，或者会使对方很难堪，破坏了交往的气氛和基础，并带来一系列严重的后果；或者让对方占“便宜”的愿望得逞，给自己造成不必要的损失。

一位干部到广州出差，在街头小货摊上买了几件衣服，付款时发现刚刚还在身上的一百多元港币不见了。货摊只有他和姑娘两人，明知与姑娘有关，但他没有抓住把柄。当他提及此事时，姑娘翻脸说他诬陷人。

在这种情况下，这位干部没有和她来“硬”的，而是压低声音悄悄地说：“姑娘，我一下子照顾了你五六十元的生意，你怎么能这样对待我呢？你在这个热闹街道摆摊，一个月收入几千上万，我想，你绝对看不上那几张港币的。再说，你们做生意的信誉要紧啊！”

他见姑娘似有所动，又恳求道：“人家托我买东西，好不容易换来百把块港币，丢了我真没法交代，你就替我仔细找找吧，或许忙乱中混到衣服里去了。我知道，你们个体户还是能体谅人的。”

姑娘终于被说动了，她就坡下驴，在衣服堆里找出了港币，不好意思地交给他。

在上述案例中，这位干部的一番至情至理的说辞，不但使钱失而复得，而且，还可能挽救了一个几乎沦为小偷的青年。

现实生活中，人们普遍存在着吃软不吃硬的心态。特别是性格刚烈、很有主见的人，你如果说“硬”话，比如以命令的口吻和对方沟通，对方不但会不理睬，说不定比你更硬；你如果来“软”的，对方反倒产生同情心，纵使自己为难，也会顺从你的要求。

很多时候，你要想说服人，说软话要比说硬话效果好。然而，说软话并不是低三下四地哀求，而是一种“智斗”，是一种心理交锋。通过恳求的语言启发、开导，暗示对方并使对方按你的意思行事。

说服要变换角度

说服对方，有时不能一蹴而就。因为对方的言行，也有其根据，而你未必能一下就知晓，从而对症下药。因此，为了达到你的目的，变换角度是十分必要的。

变换角度就是在说服对方的过程中，要注意从不同角度考虑问题，表达思想。当某一角度不奏效或不对路时，要及时更换新的角度，寻找新的突破口，把说服进行下去。

变换角度的最佳方式是：有灵活多变的策略，即你事先应有被对方拒绝的心理准备，并考虑好阐述问题的不同角度。一旦对方表示拒绝，就变换新的角度；再拒绝就再变换，直至达到目的。

国外有一青年来到一家公司提出谋职要求："请问你们这里需要秘书吗?""不要。""要采购员吗?""不要。""要门卫吗?""不要。""那么，你们一定需要这个啰。"他拿出一块牌子，上面写着："本公司名额已满。"公司老板笑了，最后这个人被录用为销售经理。

说服要“以退为进”

劝说别人，特别是那些对你抱有成见的人，最好的办法就是退一步。在当前劝说受阻的情况下，先暂时退让一下很有好处。退让态度可以显示出你对别人的尊重，从而赢得其好感，使其在心理上得到满足，这样再亮出你的观点来说服他们就容易多了。

以退为进的说服方法，在经济谈判中运用较多，双方谈判如同兵战，能否灵活、娴熟地运用“以退为进”的战术，直接关系到谈判的成败。

美国一家大航空公司要在纽约城建立一座航空站，想要求爱迪生电力公司能以低价优惠供应电力，但遇到婉言拒绝，该公司借口公共服务委员会不批准，他们爱莫能助，谈判陷入僵局。航空公司知道公共服务委员会并不完全左右爱迪生电力公司的业务往来，主要原因是电力公司对接纳航空公司这一新客户兴趣不浓。

航空公司意识到，再谈下去也不会有什么结果，于是索性不说了。同时放出风来，声称自己建发电厂更划得来。电力公司听到这则消息，立刻改变了态度，立即主动请求公共服务委员会出面，从中说情，表示愿意给予这个新客户优惠价格。结果，不仅航空公司以优惠价格与电力公司达成协议，而且从此以后，大量用电的新客户，都享受到相同的优惠价。

在这次谈判中，起初，航空公司在谈判毫无结果的情况下，耍了一个花招，声称自己要建发电厂，这就是“退”一步，并放出假信息，给电力公司施加压力，迫使电力公司改变态度压价供电。这样航空公司先退一步，后进两步，赢得了谈判的胜利。

说服要寻求共鸣

说服对方，理是基础，但仅有理是不够的。常言道，酒逢知己千杯少，话不投机半句多。寻求共鸣，便可使你成为对方的“知己”，避免“话不投机”。

所谓共鸣，是对话双方思想感情上达到基本一致的体验。借助感情共鸣，可以消除对方的对立情绪，赢得对方的信任，营造融洽气氛，从而为你的说服铺平道路，使对方从心理上愿意接受你的劝说或主张。

寻求共鸣的技巧之一是寻找共同感兴趣的话题。大千世界，芸芸众生，虽然个性千差万别，但总能够找到共同的话题。这些话题，便是寻求共鸣的素材。

有一次，著名相声演员姜昆到某市演出，市属几家新闻单位的记者纷纷前去采访。不料，姜昆一一婉言谢绝，令记者们十分失望。这时，有位爱好相声的女记者却再次叩响了姜昆的房门，说：“姜昆老师，我是一个相声迷，我对你的演出有些意见……”姜昆便十分热情地接待了她。

女记者正是利用了她和对方对相声的爱好及共同兴趣做文章，使对方产生了共鸣，接受了她的采访。

请将不如激将

说服他人，理是基础。但是，当理由已充分展开还不见效的时候，或者你自我感觉逻辑推论的力量单薄的时候，你不妨试试遵循古人的训言，请将不如激将。利用一定语言技巧，刺激对方，激发对方的某种情感，使对方的情绪波动或心态变化朝着你所期望的目标发展。

激将劝服的技巧之一，是正面激将，即用鼓励、信任的语气，使对方树立起自强、自信之心，从而自觉或不自觉地接受你的主张或决定从事你所期望的某种行动。

《人际交往的艺术和技巧》的作者赖斯·吉布林经历过一件事。一天，他来到某市他曾住过的旅馆住宿。当他穿过那些挤在办公桌前想住旅馆的人群时，办公桌后的一位职员抱歉地说："哎呀，赖斯，你应该让我们知道你要来这儿。照目前这个样子，我恐怕不能帮你什么忙。"赖斯回答说："看起来我们的确碰上了难题。但是，如果说在这个城市中还有哪个旅馆职员能解决它的话，我相信，那就是你。我不需要再去寻找，因为，如果你也不能给我找个房间，我就准备睡到公园里去。"这一席话，刺激了对方，表明了对对方的极大信任。因而，那位旅馆职员说道："好吧，让我想想办法。"这是对赖斯正面激将的"投桃报李"。结果。那位职员最终帮赖斯找到了一个小房间。

第八章

与异性交谈的技巧

男女之间的交谈，是一套很有讲究的学问，由于性别的差异，男女之间既存在着本能的吸引，也存在着社会性的戒备，语言沟通太融洽了，可能会引起感情的波动。即使你的交谈目的就是为了赚取对方的爱情，这里面也有一个必须把握分寸的问题。

异性交谈的分寸

男女之间的交谈，是一套很有讲究的学问，由于性别的差异，男女之间既存在着本能的吸引，也存在着社会性的戒备，语言沟通太融洽了，可能会引起感情的波动。异性之间的感情发展存在着一条特殊的轨道，即感情——爱情——婚姻——家庭，这是大多数同性之间所没有的心理和情感轨道。所以，异性之间的谈话更应该讲究分寸，对这种分寸的把握，主要看你的个人目的。如果你的交谈目的就是为了赚取对方的爱情，这里面也有一个必须把握分寸的问题。下面就从这两方面来探讨与异性说话的分寸。

1. 以社会性交往为目的异性交谈

以社会性交往为目的的异性交谈，最好的办法就是忽略性别。只有忽略了性别，才能做到自然、和谐、坦率、真诚，才能消除彼此之间的紧张心情，按照弗洛伊德的观点，我们在与异性交往中，往往是隐藏在心底的“性”的观念在左右和影响着彼此的正常交往和交谈。只要你抛开了“性”，只要你不是心怀鬼胎，不是自作多情，不是想在对方身上沾染腥味儿，不是想以讨好对方为目的，你们的谈话就会变得率真无欺和轻松自如了。

当然，忽略性别，不等于可以不拘小节，可以不修边幅，更不等于可以随便地发泄、抱怨和信口开河。过于粗俗的东西，莫说在异性之间交谈讨人嫌弃，就是在同性之间也不受人欢迎。要知道，高雅的谈话内容可以体现一个人的学识、见识和个人修养，这是人人都欣赏的。

男人之间的话题是广泛的，也许是政治，也许是社会问题，一个女子在这种场合中和男人交谈时可以保持一种缄默，但必须保留倾听的态度。当一个女子表示她对于男人们的谈话同样有兴趣，那么她就成功了。

另外，与异性交谈还要注意一些交谈的礼仪，千万不要忽视某一位异性。要知道，异性更希望自己在对方的心目中受到更多的重视。

2. 以追求性爱为目的的异性交谈

以追求性爱为目的的异性交谈要坚持循序渐进的原则。因为与异性之间的情感是需要有一个发展过程的，在这个发展过程中所说的每一句话都存在着分寸的问题。

如果陌生的互有好感的男女以目传情，彼此吸引，那么，即使没有第三个人做介绍，这一对陌生的男女也会在这一阶段没话找话，寻求语言交流。起初，两人总是谈些无关紧要的事，通常是两者共同关心的事，如天气、市容、工作等。

在这一阶段，两个交谈者彼此防御，互相试探，很少吐露真情。但由于耳朵代替了眼睛，所以，谈些小事也可使双方接收到一连串的新信息。双方的语调、讲话速度、方言、措辞、思路均可导致双边关系的进一步加深或疏远。

这种不着边际的谈话对双方的吸引力是一个考验，因为这种闲谈不易触及心灵的深处，可能使某一方不愿意继续发展交往关系；也许前一段的视觉信号尚有吸引力，现在的新信息却说明了相反的情况。所以，追求异性的谈话总要有一个试探过程。试探即是一种分寸。但是把握试探分寸最难做的，就是如何把爱情的“窗户纸”捅破。

靠语言交流捅破爱情的“窗户纸”，一定要讲究说话的技巧。

分寸一：无中生有试探关系

在单独接触的时候，假借别人之口说出自己想与对方建立恋爱关系的用意，比如说：

“前些日子有人看见咱俩在一起，说咱俩在谈恋爱呢！”或：“有人在背后说我在勾引你呢！”

分寸二：乘机问话表明态度

在一种有多人参与的宴饮或其他娱乐场合中，借机表现自己，引起对方一定程度的好感，然后乘对方高兴时，悄悄附在对方耳畔，像告诉对方秘密一样，说一句让对方难以拒绝的问话。比如说：

“我想问你一句话：我可以追求你么？”或：“我有权利获得你的爱么？”

分寸三：借景生情，捕捉与对方的缘分

假如，你有机会与对方单独相处时，看见别处有对卿卿我我的恋人相悦怡然，你可以借景生情，抒发自己的感慨，比方说：

“瞧，人家那一对儿，多么令人羡慕！不知咱俩能否有这样一种缘分？”

分寸四：用目光说话，让对方感受到你的爱意

当你能够将喜欢的心情注入目光中后，再试着以目光来表达其他的感情：首先试着表现“担心”。当她（他）迟到、稍微受伤或被上司斥责时，用一种“你还好吧”的眼光看对方。而当她（他）跟其他人说话时，试着以“哼，干吗那么亲近”稍带嫉妒的眼光看着他。等你能够自由自在地用眼神表达感情时，你面部的表情一定也会丰富起来，光彩照人。

当爱的“窗户纸”被捅破以后，情感轨迹也就分明起来了。此后两个人随着情感的发展便可以无所不谈了。

先对别人有好感

初次与人见面交谈时，首先要注重对方的可取之处，先对别人有好感，别人自然也会喜欢你。

在酒吧、饭店等从事招待服务工作的人常常讲，致使宾客盈门的秘诀之一就是“对每一位顾客都称赞三句”。这种经验告诉我们，每个人至少有三个较为明显的优点。你若能得体地恭维一番，身心陶然之中谁不愿大解私囊，享受一顿美食呢？

对于早已熟悉的老朋友，你当然清楚他有哪些优点，但对于初次见面的人，要找出三个明显的优点或许比较困难，建议你可以从以下三个方面来着手——长相、穿着和谈吐。你可以说：“你的眼睛又大又亮，看上去漂亮极了！”或“你这身装束就像经过名家精心设计般高雅”“你说话轻声细语，真是动听悦耳”。

若对方不是让你产生极度厌恶的印象，那么，你稍微用点心，凭着蛛丝马迹一定能发现对方不止三个优点。

我们与人初次见面，很吝于赞美对方，常常保留赞美之词，何必如此呢？赞美对方，同时也意味着你是一位尊重对方、豁达开朗的有教养的绅士或淑女呢！

所以，如果你想获得别人的好感，首先就要对人心存好感。只要你注意发现对方的优点，少挑缺点，别人一定不只三个优点而已，融洽的气氛中双方态度自然和善，别人也会身心怡然，任何事情接下去就好谈了。

甚至你们在第二次、第三次的会晤中，人家老远就伸出热情的手来向你打招呼了。

欲言又止，更能吸引他

恋人之间要想达到有效沟通，有时候是一件很微妙的事情。交谈是沟通的主要工具，但有时候话说得太多，反而失去了美的意境。尤其是女性说话，有时候是越少越好，保持神秘，欲言又止，更能吸引他。所谓尽在不言中，就有点这个意味。

有个姑娘名叫汪小亚，在一次偶然的机会中，认识了一位名叫季平的男青年。季平高高的个子，文质彬彬，但性格懦弱，遇事犹豫不决，是那种买套房子过安逸日子的男人。

汪小亚认识了季平，感觉这个男士虽然说不上十全十美，但总的说来还是不错的，心里就有了与他进一步发展的愿望。

汪小亚是一个朴素、平凡的姑娘，并没有什么特别能够引起男人痴迷的地方，因此她很苦恼。

有一天，汪小亚去逛书店，忽然间翻阅到一篇文章，不由恍然大悟："啊！应该按这个方法试试。"

原来，那篇文章中有一句这样的话："不明讲的话才有吸引人的魅力。"这使她如获至宝。隔了几天，她约季平出来散步。

"我想跟你说，不过……"汪小亚低着头，眼睛望着他，含情脉脉地说。一会儿又说："嗯……还是不要说。"欲言又止。

果然，季平对汪小亚的这句话再三回味。突然，季平的眼睛里放出异样的光彩：“为什么现在不说呢？”

她只是轻轻地一笑。

“那，好吧，让我回去好好猜一猜。”季平也笑着说。

第二天，汪小亚和季平订婚了。

婚后根据季平的回忆，他当时对于汪小亚所讲的弦外之音总是不能释解，究竟真意何在？日思夜想中，猛然发现自己已经爱上了她。

恋人交往中，不挑明事端，委婉地针对某一事情提出暗示，往往可使对方改变原来的看法或做法。

称呼变化泄露的秘密

衡量一对青年男女之间是友谊还是已经发展成为爱情，标准是看他们在称呼上是否起了变化。称呼的变化标志着“爱情浓度”的变化。

男女之间由相识到相知，进而发展成相爱，这是有它自然的发展过程的。这种发展过程不仅从双方眼神的回顾流盼的暗示中可以看出，而且双方的称呼变化也会将爱情的秘密泄露出来。而最能透视情人间浓厚感情与亲密关系的，就是恋人之间的昵称与暗示。这种昵称与暗示，因人而异。当然，它们具有很高的隐蔽性，一般只在两人独处时才会利用。

袁明和柳婷是同一工段的工人，双方印象都很好，袁明很喜欢柳婷，但不知柳婷对自己是否也有意思，或者仅仅是同事之间的感情。

有天傍晚，袁明请柳婷出来散步、聊天。虽说同事几年，两人单独出来还是第一次，更谈不上男女恋爱时的亲密状态了。

不远处，一对恋人正在拥抱接吻。柳婷朝那边望了一眼，又含羞地瞅着袁明。袁明看看那边，心里跳个不停。他尽力使自己平静下来，然后对柳婷说：

"婷，我想这样称呼你。"

一听袁明这样称呼自己，柳婷含羞地点了点头。

"那么，我给你讲个故事好吗？"袁明又说。

"好啊！"柳婷笑着回答。

袁明说："有个做母亲的，她这样对她那正处于热恋中的女儿说：你和男朋友约会千万不能冲动，你必须先做冷静的观察，假如那个男人先想碰你，那肯定不是个好家伙，你就得快刀斩乱麻，趁早离开他。不过，在你的男朋友没有碰你的情况下，你不妨试一试，装着和他很亲热的样子。要是那男的举止笨拙，局促不安的话，你就放心地嫁给他，这才是过日子的男人，日后肯定是对你知冷知热的。"

说着，袁明望着柳婷的脸，提出一个大胆的建议："我们来做个试验怎样？我假装要拥抱你，等我靠近你你就赶紧闪开。"柳婷听后，含羞低头，并不出声。

袁明说："你别害怕，我不会真的拥抱你，只是做做样子。而你的反应则要快，这样若是你以后与情人约会，就有心理准备了。"又说："准备好，我喊开始就要伸手拥抱你，你可要赶快闪开，不然……好，准备，开始！"袁明伸出双手，向柳婷热烈地抱去，而柳婷并未躲开，她一头扑进袁明的怀里，用纤纤小手捶打着他的胸膛，口里直说："你坏！你真坏！"

感情到了一定程度，欲将朋友变成情人，对男人的智慧来说无疑是个考验。

用昵称加暗示的办法，若在语言上有娴熟的技巧，只要对方是真心爱你的话，这一招没有不成功的。

当然，你对两人之间的感情程度判断要准确，若太冒失，使事情反向转化，那可就不妙了。

含蓄地表达爱意

处于豆蔻年华的女孩子，只要身边的男士多看她一眼，或多美言几句，她便会把他编入自己的梦中。对"怀春少女"来说，这是正常现象。

张强还在大学读书的时候，有一天，他和许多同学到城外郊游，一同去旅游的同班同学刘霞，当时并没有特别令张强喜欢或讨厌，但是，刘霞对张强却一直有好感但又不好明说。傍晚的时候，刘霞为了引起张强的注意，便有意望着满天繁星，柔柔地述说着自己的爱意，刘霞的述说就像一首绝妙的诗，她自己已经变成了诗中的女主角。

张强听了忍不住地微笑着赞美说。"好美！跟天使一样。"

后来，他们走到了一起。

当暗恋着的男女还不到明示的时候，要互相寻找互表爱慕之情的机会。如果双方犹豫不决，不善于把自己的爱表达出来，那么，自己的心愿就会像没发生一样地中断，说不定各自就会独自过一辈子。

含蓄地表达爱情，可以使话语具有弹性，不至于对方一拒绝就没法挽回。再者，这也符合恋爱时的羞怯心理。

含蓄表达爱情的方式可有以下几种：

1. 暗示法

陈毅与张茜是一对情爱甚笃的革命情侣，早在20世纪30年代的戎马生涯中，陈毅就对张茜产生了深厚的感情。

为了暗示自己的深切爱恋之意，陈毅苦心“经营”了一首《赞春兰》，送给了张茜（当时张茜的名字叫春兰）。诗中写道：“小箭含胎初生岗，似是欲绽蕊吐黄。娇艳高雅世难受，万紫千红妒幽香。”

张茜从这首诗中领悟了陈毅的深情，两人从此建立了恋爱关系，那首《赞春兰》也就成了他们之间的“定情”之诗。

2. 以物传情法

以物传情法，就是在运用语言表达爱情的同时，借用物品传情意，也能起到含蓄地表达爱情的目的。例如，马克思向燕妮求爱时，送给燕妮一个放有一面小镜子的精致小木匣，这就是用了以物传情的方法。

3. 表示关心法

鲁迅先生的《两地书》中，收进了他写给夫人许广平的许多信件，记载了这位文学巨匠，伟大革命家表达爱情的特殊方式，给人们留下了非常有益的启示。

比如信中常有这样的句子：“应该善自保养，使我放心。”这些关怀备至，体贴入微的话语，比起那些空洞无物的抒情、赞美的话，要有感情得多了。

4. 表达感受法

例如：直说“我喜欢和你在一起。”就不如说“我和你在一起的时候，总觉得时间过得那么快，真是光阴似箭；和你分别后，又觉得时间过得那么慢，真像是度日如年。”

又如：“我非常想念你。”就不如说“真不知怎么搞的，每当我做完工作，一静下来，你就在我的脑海中浮现，我就会想起我们在一起的日子。”

含蓄表达爱情的方法多种多样，如果你能灵活运用，就一定能达到你表示爱情的目的，说白了，这也是运用语言能力去获取理想爱情的一种特殊方法。

夫妻交谈的分寸

结婚后，爱情不再浪漫神奇，渐渐地彼此之间的吸引力、新鲜感消失，整日为一大堆俗事缠得焦头烂额。各种责任和压力更是让人喘不过气来，各种现实的矛盾让原本相亲相爱的夫妻吵架、谩骂，甚至拳脚相加，反目成仇。婚姻不再美好，家庭不再温馨……是什么原因造成的呢？

仍是分寸使然。夫妻之间真诚的情感交流，能增进婚后的感情，如果夫妻之间互相猜忌，不信任，甚至恶语相向，则感情逐渐冷却、降温。因此，夫妻之间交谈，也应该把握好一种分寸。

夫妻天天相处，时时不离，因此，讲话的内容无所不包，并且，由于夫妻之间的特殊心理，如“希望被爱”的心理、“自私”心理、“随意”心理等，使夫妻之间的谈话成了最轻松，同时又是最困难的谈话，这也是同爱人说话难以把握分寸的重要原因。

许多人结婚后，就认为对方成了“自己人”，在语言和行为上开始毫不在乎分寸，无所顾忌，想说什么就说什么，想怎么说就怎么说。这种在夫妻之间任其自然的做法的积极方面，可以使夫妻双方推心置腹；消极的方面，就是有时不加考虑的言行会伤害对方的感情。

如果是朋友惹恼了你，你可以在一段时间内拉开距离，直到气消后再去找他。但夫妻之间无论多么生气，在距离上是回避不了的。因此，体谅就显得非常重要，理解也成了把握分寸的基础。

最容易激起对方反感的莫过于拿别人家的丈夫或妻子做比较，来贬低自己的丈夫或妻子：“你看看人家老王，光是每月给老婆买的衣服，就花三五千！”“同样的收入，人家小陈家月月存钱，你呢？月月超支，怎么当家的！”

俗话说：“人比人，气死人。”要是对方接受数落，咽下了这口气倒也罢了，就怕对方回敬你一句：“你觉得他（她）好，怎么不跟他（她）过去呀！”长此下去，夫妻关系必然产生裂痕。看来，要处好夫妻关系，还真应从说话讲分寸开始。

“一家人”的随意心理犯的错

和睦的夫妻交谈是一种情感的沟通，而关系紧张的夫妻要么无话可说，要么这种交谈就会变成心理上的一种压力，自认为再没有与自己的妻子或是丈夫谈话更难开口的了。当然，到了这个份上，夫妻关系也就是名存实亡了。

为什么热恋中的两个人一旦成为夫妻就变得“大吵三六九，小吵天天有”呢？这是由于“一家人”的随意心理犯的错。

因为是一家人了，想怎么说就怎么说，全然不顾对方的自尊心，即使有时是掏心窝的话，也会引起冲突或误会。

如：做妻子的给丈夫买了件衣服，丈夫不喜欢，于是说：“谁让你买这种衣服的？一点品味也没有！”虽然是照直说，却无疑是给妻子兜头浇了一盆冷水。

又如：丈夫紧张地工作了一天，回到家里想清静清静，做妻子的却总是对他喋喋不休地唠叨一些鸡毛杂事。什么对面老李的老婆买的酒掺假了，今天的白菜比昨天每斤多一毛钱啦……尤其丈夫在沉思的时候，这样的唠叨别提有多烦。

如果你有拿别人的丈夫（或妻子）与自己的丈夫（或妻子）相比的毛病，那你这个家庭肯定不得安宁。

比如在争吵的时候你这样贬低对方：“你以为你好能干啊？能干个屁！人家老张除了上班一份工资，业余时间帮人翻译书稿，一月也能搞到几千元！”“我们家收入也不比隔壁小毛家低，人家今年换了彩电又买空调。你呢？真不知你两个钱是怎么花的！”

人们常言：“一句话说得人笑，一句话说得人跳。”假如对方听了这话能理智地控制情绪，不跟你较真则罢了，若是对方被激怒得跳将起来："你说他（她）好，那就别待在这个屋里，跟他（她）过日子去呀！"如此一来，家庭纠纷必然升级。

夫妻之间应该互相体谅，配合默契，交谈时既要推心置腹，更要做到态度诚恳。

男方应该尊重女方感情细腻，含蓄委婉的特性，而女方也应该对男方的直率明朗表示理解。

当然，凡事都要适度，过分地要求对方迁就自己，必将导致情感沟通的障碍。

总而言之，夫妻之间若能长期保持以愉悦的心情进行交谈，这是爱情得以永恒的重要因素之一。

心心相印，而非形影不离

已婚的女人常常对丈夫充满抱怨，认为丈夫把精力都集中在麻将、扑克牌、电视画面上，很少像婚前那样浪漫，上公园，看电影，进咖啡馆，有时连一些重要的节日，甚至妻子的生日都忘记了，这是一个重大的疏忽。

婚后，丈夫应该挤出一些时间来陪伴妻子，关心和安慰妻子。星期天、节假日，是该让妻子休息的时候了，小两口去饭馆吃顿好吃的，上公园游乐一下，或是看一场电影，都能增进夫妻间的感情，创造出新的契机。尤其是妻子的生日，做丈夫的更应该不失时机地给妻子送礼物，表白自己的爱情，重温一番恋爱时期的甜梦。

须知婚后夫妻间生活的质量重要的是心心相印，而不是形影不离。保持一定距离是夫妻间相互吸引和爱慕的重要保证。俗话说：

久别胜新婚。讲的就是这个道理。

婚后的适当分离

结了婚的男女，分别与昔日生活在一起的父母或同事、伙伴们分离开来，住进了两人精心布置的新房，有较长时间生活在“两人世界”里。然而，随着时间的推移，夫妻间生活习惯的不同、兴趣爱好的差异、脾气性格的矛盾便开始显露，这时便需要调整和适应。

因为，婚前恋爱期，男女双方有说不尽的甜言蜜语，有时即使无话也要找话。而据美国一位心理学博士调查指出：“在婚后第一年中，夫妻间的情话与讨好行动，都会比恋爱时下降30%，这一‘冰河期’的到来，女方受的打击较男方还要重些。”如果女方不能正确认识结婚前后的变化，那么，就常会以“找话茬儿”来打破沉默，这时，丈夫如不能正确理解，便可能回击对方，于是，争吵即刻发生。

据调查，在闹矛盾的家庭中，夫妻两人工作都很稳定，并很少出差者居多，这也很说明问题。婚前恋爱时两人在一起的时间有限，因此，亲密异常。婚后的适当分离，正是一种适当的调节。

台湾作家罗兰女士说：“婚后的幸福只有一部分建立在婚前的选择上，而大部分要靠婚后的适应，全凭日后你自己怎样去耕耘。”诚然，要浇灌出甜蜜的爱情之花，需要夫妻双方的努力。爱情，永远是两个节拍的合奏。尤其是当夫妻双方产生矛盾和分歧时，艺术处理的方法之一是：丈夫或妻子应该静下心来倾听对方的意见，帮助其宣泄和疏导，并不时用幽默话语来打破生活的尴尬。或者暂时分开几天，让时间和距离来加深彼此的感情。

夫妻间交谈有“四美”

夫妻交谈，人们最向往的是琴瑟和鸣的理想境界。夫妻间那富于审美情趣的语言，像甘露一样滋润着爱情的花蕾，在倾心交流之中，两心相悦，两情相依，快乐一生，恩爱一生，幸福一生。

1. 真挚自然的简洁美

真挚自然的交谈，是夫妇相亲相爱的心声，通过感情传播，触及对方每一个感知细胞，爱意绵绵，地久天长。

夫妻交谈的最大特点是随意性强，不像做专题报告那样把内容限制在一个大致的范畴，也不像写文章那样字斟句酌，只依靠个人对语言这个变幻莫测奇妙无穷的艺术进行揣摩比较，理解其精妙，现场发挥。一般而言，夫妻交谈的句子应排除饶舌和烦冗的修辞，比较简单明了，呈现简洁美。例如，年轻的妻子换上新衣之后问丈夫：“好看吗?”丈夫回答：“很好看。”寥寥六字，轻快明白，干净利落。妻子问得直截了当，丈夫答得简练干脆，其肯定赞赏的心意很明确地表达了出来。

两人之间的交谈提倡句式简洁，并不否定较长句子的作用。一句话之短长，由具体内容和情形而确定。比如对方要求你介绍一个生疏的概念，话长些也无妨，不长不足以准确阐释。

2. 温馨亲切的和谐美

夫妻交谈，宜在温馨亲切快乐和谐上下功夫，使之产生鲜润可亲的听觉效果，体现出和谐美。

和谐的语言与生活认识密不可分。可以想象，夫妇一方经常变着花样问同一问题，对方会觉得无聊而厌烦。若对方在答问中以同一腔调和相似的语句应付，自然也是索然无味，哪有和谐之气？交谈中，夫妇双方都应有一个美好的基调，有一个至高的目标——让对方快乐。若弄得对方不快乐，亦是自己的不快乐。

在很大程度上，男人需要女人的感激，女人渴望向男人倾吐，从而获得感情支持。这是对双方都有益的事，一方付出了感情的同时，另一方也同样给予相同的快乐。换言之，给对方快乐是自己的义务，一言一行总关情。

如："等你爸回来一起吃。"——饱含尊敬和惦念。

"你应该对妈妈礼貌一些。"——爱护的诠释。

"你想一想，这样是不是错了？"或者说："你看这样做行不行？"——虽是批评责备的意思，对方听了，在接受教训的同时，能不感受到一种特别的关心和爱护的深情厚谊吗？

"这道菜味美色美，你真行，成了烹调的高手。"

"这件事真难为你了，你真是我的好老公。"——适度的夸奖，营造了和谐的环境。

"我求你……好吗？"或"这件事我很生疏，你能帮帮我吗？"或"你看，我都忙晕头了，你能帮我一把吗？"——虽是祈使之语，也平添了一份温柔。

上列例句，都是夫妻交谈的平常之语，但都产生了不平常的情感效果，这是因为戒除了轻佻和极具情绪化的色彩，使情与理各臻其美。

3. 婉润默契的含蓄美

语言的含蓄美，体现在婉润默契上，感官参与感知，话中有话，话后有意，余韵绵长。在作文上叫朦胧的艺术，留下一定的想象空间，让对方去咀嚼回味，把话说完了说白了反而太露，平淡无味。

例如，妻子不满丈夫的邋遢习气，就幽他一默道："我先生肯定没有外心。有外心的男人最讲究外部仪表了。"

例如："早点歇着吧。"配合一双亮晶晶的大眼，一如秋水柔波，半遮半掩着风情无限，对方听了、见了就开心，报之以激情。

我很赞赏这样的话：爱情的语言像水彩画般朦胧，愈不清晰愈有种神秘色彩，就愈有艺术魅力。这话恰好是对含蓄的注解。如果适当提供一些暗示，对方又有想象余地，相信对方一定善识你的用意，与你进行触及实质的交流。

4. 五味调和的激情美

结婚之后，夫妇任何一方不再是单个的自我。两人世界充满了甜蜜，也不可避免地要经历酸甜苦辣的磨难和风雨的洗礼。大家知道，味不过五种，却能调出百味。婚姻生活因五味调和而绚丽多彩。一句话可以挫伤对方，也可以开启久已关闭的心房，把眼睛燃烧得像太阳一样明亮。

"我爱你!""有我，你别怕!""亲爱的，太感激你了。""咱俩合力，那件事能办成。"……这些字眼如同划破黑暗的闪电，如同汹涌澎湃的浪潮，充满了激情之美。激情的语言需要情景的铺垫。有心的爱人可以抓住稍纵即逝的场景，毫不犹豫、毫不羞怯地抒发自己的感情，用深情的语言去点燃对方爱的火焰，让爱情的火花放射出更夺目的光彩。

第九章 说话有心机

与人说话、交流的目的，往往是为了办好事情。俗话说：『一把钥匙开一把锁』，与不同身份的人说话办事必须有不同的说话策略，尤其要有心机。这样，对方的心态和将要说的话尽在你的掌握之中。

一把钥匙开一把锁

身份包括接受对象在社会上的地位和职业。身份不同，对言辞的接受也不同。因此，说话者在言辞表达时，应当区分接受者的身份。

一般来说，不要对一个无职业的人，去传授什么领导艺术；对一个中小学生，去谈什么家庭责任；对一个建筑工人，去介绍什么养殖技术。一个学术会议，与会者都是专家、教授，如果你仅仅是一个刚入门的初学者，却在会上夸夸其谈，就不恰当；一个领导办公会，与会者都是领导人，如果你仅仅是一个工作人员，却在那里颐指气使，就不应该。

1998 年 5 月 4 日，前国家主席江泽民同志在庆祝北大建校 100 周年大会上的讲话，就非常注意接受对象的身份。听众是北京大学以及其他高等院校的师生代表，而且主要是学生。他的讲话就紧扣青年学生的身份，谈与青年有关的事和青年学生关心的事。

区分身份再发言，这在日常生活中也是很重要的。比如一位年轻人路遇长者、前辈，打招呼说："嗨，老兄，上哪去？"这就未尊重接受者的身份。同样，一个小孩子过生日，作为其父母的同事、朋友被邀去作客，他致祝词说："衷心祝你健康长寿！"这就抬高了听话人的身份；对你的直接上司你直呼"老李""老赵"或其姓名，就不适宜；对从事任何职业的人都一概称之为"师傅"也属不当。

与人说话、交流的目的，往往是为了办好事情。俗话说："一把钥匙开一把锁"，与不同身份的人办事必须有不同的说话策略。这样，针对性强，办事的成功率往往就高。

《世说新语》有这么一则故事：

有个叫许允的人在吏部做官，提拔了很多同乡人。魏明帝察觉之后，便派虎贲卫士去抓他。

他的妻子赶出来告诫他说："明主可以理夺，难以情求。"让他向皇帝申明道理，而不要寄希望于求饶。

于是，当魏明帝审讯许允的时候，许允直率地回答说："陛下规定的用人原则是'举尔所知'，我的同乡我最了解，请陛下考察他们是否合格，如果不称职，臣愿受处罚。"

魏明帝派人考察许允提拔的同乡，他们倒都很称职，于是将许允释放了，还赏了一套新衣服。

许允提拔同乡，是根据封建王朝制定的个人荐举制的任官制度。不管此举妥不妥当，它都合乎皇帝认可的"理"。许允的妻子深知跟皇帝打交道，难于求情，却可以"理"相争，于是叮嘱许允以"举尔所知"和用人称职之"理"，来抵消提拔同乡、结党营私之嫌。这可以说是善于根据说话对象的身份来选择说话的绝好例子。

再比如，与上司说话，或是探讨工作，就应该尽量用"请教"的语气。向上司多请教工作方法，多讨教办事经验，他会觉得你尊重他，看得起他。所以，在工作中，在办事过程中，即使你全都懂，也要装出有不明白的地方，然后主动去问上司："关于这事，我不太了解，应该如何办？”或“这件事依我看来这样做比较好，不知局长有何高见？”

上司一定会很高兴地说：“嗯，就照这样做！”或“这个地方你要稍微注意一下！”或“大体这样就好了”。如此一来，我们不但会减少错误，上司也会感到自身的价值，有了他的帮助和支持，后面的事情就好办得多了。

言贵精当，更贵适时

“言贵精当，更贵适时。”能否把握好说话的时机，直接关系到一个人的说话效果和交流效果。所谓时机，就是指双方能谈得开、说得拢的时候，对方愿意接受的时候。一个人在车祸丧子的悲痛中还没解脱出来，你却上门托他给你的儿子保媒说媳妇，无疑你会碰壁的；领导正为应付上级检查而忙得焦头烂额的时候，你却找他去谈待遇的不公，那你肯定要吃“闭门羹”，甚至遭到训斥。掌握好说话的时机，才能提高办事的成功率。那么，什么时候与对方交谈和沟通才算抓住了时机呢？

在对方情绪高涨时说。人的情绪有高潮期，也有低潮期。当人的情绪处于低潮时，人的思维就显现出封闭状态，心理具有逆反性。这时，即使是最要好的朋友赞颂他，他也可能不予理睬，更何况是求他办事。

而当人的情绪高涨时，其思维和心理状态与处于低潮期正好相反，此时，他比以往任何时候都心情愉快，说话和颜悦色，内心宽宏大量，能接受别人对他的求助，能原谅一般人的过错，也不过于计较对方的言辞，同时，待人也比较温和、谦虚，能程度不同地听进一些对方的意见。因此，在对方情绪高涨时，正是我们与其谈话的好机会，切莫坐失良机。

在对方喜事临门时说。所谓喜事临门时，是指令人高兴、愉快、振奋的事情降临于对方时。如：对方在职位上晋升时；在科研上攻克难关，取得重大成果时；工作中成绩突出，受到奖励时；经济上得到收益时；找到称心伴侣、婚嫁或远方亲人来探望时，等等。常言道："人逢喜事精神爽""精神愉快好办事"。在喜事降临对方时，我们上门找其交谈，对方会不计前嫌，而且会认为是对他成绩的肯定，喜事的祝贺，人格的敬重，从而也就乐意接受或欢迎你的到来，所求之事，多半会给你一个完满的答复。

在为对方帮忙之后说。中国人历来讲究"礼尚往来""滴水之恩，当涌泉相报"。在你为他帮了一个忙后，他就欠下了对你的一份人情，这样，在你有事求他帮忙的时候，他必然要知恩图报。在不损伤对方利益的前提下，他能做到的事情，一般情况下会竭尽全力去帮助你。"将欲取之，必先予之"，托人办事的时机，我们是可以进行预先创造的。

若解决冲突应在对方有和解愿望时。伦理学原理告诉我们，绝大多数人都具有"羞恶之心"，这种"羞恶之心"体现在与他人发生无原则的纠纷之后，会对自己的行为自觉地反省。通过反省察觉到自己的过错之时，一种求和的愿望就会油然而生，并会主动向对方发出一系列试探性的和解信号。这时只要我们能不失时机地友好地找对方谈谈，僵局就会被打破，双方的关系也会重新"热"起来。因此，我们要善于捕捉对方发出的求和信息。例如，对方主动和我们接近、打招呼，与我们见面时由过去满脸阴云到"转晴"，或者暗中帮助我们排忧解难，等等。这时，我们就应该及时投桃报李，以更高的姿态、更炽热的感情找其交谈。我们切不可对其释放的和解"信号"视而不见，见而不说，说而不诚。否则，对方一旦认为求和试探失败，和解的愿望就会顿消，误解将会转化为敌意，将会出现严重对抗的局面。

在日常交流、公关活动中说话注意对方的情绪很重要。对方情绪好，就多说几句；对方情绪不好，就少说几句，或者干脆不说。同时还应注意，交谈时不应涉及对方秘而不宣的想法或隐私，不要多谈对方（除非是熟知的亲友）的健康情况，他若身体不适，这样的话题很可能勾起他的愁绪，影响谈话的效果。

比如，同失意人谈得意事，就容易使对方的情绪低落。有人跟四十来岁的未婚姑娘说："李姐，下星期二车间的小王结婚，咱们凑个份子吧。"这种不考虑对方心境的话是最惹人讨厌的，这样去接近对方只会适得其反。

说话时还要注意看前言后语、前后话语，人们常称之为"上下文"，指话语本身的环境。言语表达效果如何，与上下文的配合有直接的关系。

几位年轻的领导干部去慰问一位退休老工人，见面以后问道："您老身子真够硬朗，今年高寿？"老工人回答说："七十九啦。""退休老同事里数您老最长寿吧？""哪里，××活到八十四呢！""那您老也称得上长寿将军呀！""不过，××去年归天了。""唷，这回可轮到您了。"谈兴正浓的老工人听了这句话，脸色陡变。

毛病就出在"这回可轮到您了"这句话上。前面老人刚说完"归天"的事，他们却接下去说"轮到您"，这不就使老人产生误会了吗？如果这几位年轻干部能控制好前后话语，把话说成"这回长寿冠军可轮到您了"，也就不会出现不快了。

到什么山上唱什么歌

说话人的言辞表达，不是在任何时间、任何地点都可以随心所欲地说的，必须加以选择。俗话说，“到什么山上唱什么歌”，就是这个道理。同一句话，在这个时间、这个地点，可以说；但在那个时间、那个地点，就不一定可以说。不可以说而说了，就可能影响交际效果，甚至出乱子。

美国总统里根一次在国会开会前，为了试试麦克风是否好使，张口便说：“先生们请注意，五分钟之后，我将对苏联进行轰炸。”一语既出，众皆哗然。里根在错误的场合、时间里，开了一个极其不当的玩笑。为此，苏联政府提出了强烈抗议。

里根的丑闻说明，说话必须要讲究场合，不注意这点，说一些不适宜场合气氛情境的话，有可能给自己惹下大麻烦。

一般说来，在非正式、非公开场合，如家人、夫妻、密友之间的私人交谈，街坊邻里茶余饭后的品茗闲聊，三朋四友酒席宴上的横扯竖侃，师生同事邂逅的问候致意，可以随便一些，轻松一些，措辞不必那么讲究，即或出点格，也无妨。而在正式、公开场合，如做报告、演讲、谈判、辩论、会议发言、答记者问、主持节目、讲课，以及外事活动等情况下，就应严肃、认真，尽量选准词语，把握心机，绝不可信口开河，胡言乱语。特别是有身份、有地位、有影响的人，在这种场合更应注意。

说话场合有不该说的场合与该说的场合之分：

1. 不该说的场合

一个人在与他人的交往中，言语交流是必不可少的。有一副好口才，能言善辩，应对如流，确实能够展示自己的风度、才干，获得交往的预期效果。

但是，在许多场合，好口才却不能派上用场，甚至还会产生副作用，而于交往不利。这时，来它个缄口不言——闭着嘴巴不说话，反倒更利于与人打交道，更能收到交往的预期效果。这就是不该说的场合。

例如，在一个人情绪失控的场合下，任何安慰都难以使当事人接受，不如等其冷静下来，恢复了理智，再与其交谈为好。

在丧葬场合，说任何喜乐的话、玩笑的话，都会引起当事人的不满；安慰丧亲的不幸者，说急于劝阻对方恸哭的话也是没有作用的，强烈的悲痛如巨石积压在心头，愈压愈重，不吐不快，让其宣泄、释放出来，反而有利于较快恢复心理平衡和平静的状态。

有些人遇到麻烦的时候，常常喋喋不休，殊不知这样正好暴露了自己的弱点，处在尴尬情况下，与其聒噪不停，甚至说错话，倒不如“不说”。

“不说”确是人际交往中言语运用的一件法宝。那么在哪些情况下应当不说呢?

（1）在对方提出无理要求而且又迫不及待之时。

（2）面对无休止的纠缠之时。

（3）面对恶意挑衅之时。

（4）面对狂躁、震怒之时。

（5）当下属或孩子有小过错，且又有所醒悟之时。

（6）当听众精力分散、窃窃私语之时。

（7）不速之客来访，久坐不去，而自己又无时间与之闲侃之时。

（8）对问题不便明确表态之时。

（9）向别人请教之时。

（10）听到有人指责、批评自己之时。

2. 该说的场合

该说的场合就是言语交际者在某种时间、地点、对象面前，可以说，应当说，必须说。对该说的场合的选择，有两种情况：

（1）说话者本来就没有想说的意思，可现场情况逼得你不能不说，如果不说，盛情难却，不好下台。

（2）如果不说，自己或自己组织的权益、名誉就要遭受损害；如果不说，正义不能伸张，邪恶不能压制。

如你在某个地点突然听到有人正在肆无忌惮地侮辱、造谣、诽谤你或你的亲人、你的组织，你就不能不予以反驳。

该说的场合需要把握的是：究竟应该怎样说，说话的心机在这里很重要。如果说得不好——深了、浅了、轻了、重子、庄了、谐了、喜了、忧了，都会影响交际效果。比如：结婚、过生日、乔迁、庆功、表彰、剪彩等场合，表达只能是愉悦、欢快、祝贺、颂扬性的；奔丧、吊唁、追悼等场合，表达只能是沉痛、悲哀、忧戚、肃穆性的；探病、问安、拜望等场合，表达只能是宽慰、祝愿、企望、仰慕性的；群众集会，表达只能是庄重、严肃性的；私人交谈，表达只能是轻松、随和、自由性的。

生活需要积极的借口

孙犁的名篇《荷花淀》里有段精彩的语言描写，几个农村妇女一起商量，要去看望刚参军离家几天的丈夫。什么理由呢？“我不拖尾巴，可忘了一件衣裳。”“我有句要紧的话，得和他说说。”“我本来不想去，可俺婆婆非要我去看看他。”瞧，多漂亮的借口！她们对丈夫虽有不尽的柔情，无限的依恋，但碍于情面，难以启齿，这煞有介事的借口，微妙地表现出那种羞涩、急切，而又朴实的感情。

读过《史记·廉颇蔺相如列传》的人都知道，蔺相如遭大将军廉颇忌恨，他又巧妙地运用借口，“称病”不朝，使廉颇深受感动，负荆请罪。借口成了维护大局，加强内部团结的有效手段。

由此可见，人际交往过程中，借口的作用不可小觑，无论是个人隐私和社会活动，适当巧妙的借口会成为人际关系的润滑剂，有助于办事圆满成功。

实践过程中，欲使借口有效地发挥作用，必须把握好如下分寸。

1. 借口要实在，避免他人尴尬

在舞场上别人好意邀你，而你内心实在不想跟他跳，那就找个理由吧：“我累了，想休息一下。”既达到了谢绝的目的，又不伤别人的自尊心。你眼下正处在谈恋爱的黄金年龄段，有人向你求爱，你却看不上对方，为避免双方尴尬，可彬彬有礼地告诉他：“我已另有所爱”，让对方在“恨不相逢未嫁时”的深深遗憾中打消自己的念头。

2. 借口要周密，避免自己弄拙

领导、同事与你相约，同去某处参加一项活动，你当场答应，但届时忘记了，或过后生悔，未去赴约。直说出来影响别人对自己的信任，也是对他人的不尊重。该如何回答才能解危济困？照一般情况看，失约的可能原因有身体不适，家中出了问题，有客从远方来，有更紧急的事务要处理等，你从中挑选合情理的一种作为事后的解释，比直言告之要好得多。

3. 借口要圆滑，避免别人生怨

事物总是多侧面多层次的，从不同角度、不同的着眼点看同一事物，结论会大不一样。改变评价事物的标准，可以找到自己需要的借口：你带着孩子去买衣服，孩子想买的衣服价钱很高，你嫌太贵，不必直说，只需从颜色、式样、时令、孩子年龄等方面说出不宜买的理由，目的便在不知不觉中达到了；你不同意某人当班组长，又不想对他的能力加以褒贬，不妨从年龄、身体、家庭负担、知识结构等方面阐述其不宜出任的理由，若他事后知闻，知道你没有否定他的能力，心理要好过些。

4. 借口要灵活，求得别人谅解

未经许可，动用了别人的东西，别人提出责难。较为妥帖的回答应该是：此举确实不妥，不过事情太急迫，你又不在场，实属不得已而为之。这种“是的……不过”的转折口吻，是较隐蔽的借口形式。尽管承认“是我干的”，可立刻将注意力引到“但是”后面去，含有事出有因，未可厚非之意，潜台词是：在一般情况下我决不这样做。这么一说，很容易得到对方的宽容原谅。

5. 借口要美善，求得愉悦和乐

高明的医生常常这样做：面对一位身患肝癌的患者，明知他已无法摆脱死神的召唤，但病人询问时，却只能告诉他是“慢性肝炎”；有些疾病因某些特殊原因，医生认为无住院治疗的必要，但总不能说“你就回家卧以待毙吧?”而只能这么说：“此病宜回家静养。”或者说：“自己愿意吃点啥就吃点啥。”

生活需要积极的借口，人们需要善意的谎言，在有些时候，有些问题上，你就应当根据不同的人和事，找出严密、妥帖、可信的积极性借口。至于这借口是根据需要临时现场“加工生产”，以应燃眉之急，还是超前预制储存，以备不时之需，那就靠你自己灵活掌握了。

“知彼”之后见机行事

对于某些特殊事件，我们常常会因为问题本身的敏感性而不便去直接询问对方对某问题的看法，这就要求我们采取迂回战术，从外围打探，通过巧妙的交际语言来探知对方的真实情况和所持的真实态度。“知彼”之后，我们才能见机行事，依势而动。试探有两种情况，一是不能让对方感知到我们的真实用意，二是委婉地告诉对方我们的用意。所以，如何试探别人，达到期望效果，也是有许多技巧和分寸的。

1. 做类比试探

和别人打交道时，我们常常因为有一些要求，碍于种种原因难以直接启齿，常常犹豫再三，到最后也未能明白讲出，以至耽误了许多大事。如果我们的脑筋活络一点，略施这样一个小小的技巧：在说出自己的打算之前，先向对方讲述别人曾有过的类似的做法，试探对方对其态度，然后依据对方对其肯定或否定的态度，我们就可知该怎样说话办事了。

有个职工打算跳槽，另攀高枝，但又担心当面提出辞职企业领导若不同意，就会给人留下不安心本职工作的不良印象，不利于今后工作，况且企业有恩于自己，曾把自己送往高等学府深造两年，怎么才能开得了这个口呢？

经过深思熟虑后，他利用一次闲谈机会向经理提出这个问题：“王经理，咱们单位有的青工想挪挪窝儿，你认为可以吗?”经理说:“人往高处走,水往低处流,这是个自然规律,对人才的合理流动我是持赞成态度的。”这个职工见经理态度中肯,于是,引申一步讲:“如果这个人是我呢?”经理稍一沉思,说:“那也不拦,只要有地方要,也可以高就。”通过这样的交谈,这个职工看到了经理开明的思想,明朗的态度,不久就正式向企业领导写出了调动申请,事情马上办成了。

2. 用诱惑语试探

人人都喜欢被赞美,被恭维。人们在被赞美时会产生种种自我满足心理,而这种心理膨胀就会扰乱人的理性。使人麻痹大意,放松对他人的戒备。针对人们的这一普遍心理特征,有经验的试探者往往先赞美对方,诱发对方的虚荣心,拉近关系,使其放松甚至打消对我方的戒备,在此基础上略加诱导,对方就很可能讲出自己清醒状态下不大可能透露的东西,从而达到我们的试探目的。

深受慈禧太后宠爱的清宫总管太监安德海,以南下采办龙衣为名,出京游玩。同治皇帝对专权的安德海久怀不满,便密令山东巡抚丁宝桢将其捕杀。安德海行至泰安时,被丁宝桢派人诱至济南抚台辕门。

为了探明其是否持太后懿旨或兵部发给的通行凭证,丁宝桢特地派一位也姓安的文案前去探问。安文案假装没见过世面,对安德海敬慕地说:“您此番奉命南下,必定有太后懿旨。俺当差这么多年,还未见过,可否让小的开开眼界?”安德海胡诌道:“昨夜来得匆忙,没有带来,留在泰安。”安文案紧追不放:“听说当差的身不离上谕,怎么会留在泰安?兴许是您不信任本家小的?”安德海被追问得无可奈何，仗着有太后撑腰，便狂妄地说出实话："老实对你讲吧，我安某乃太后近臣，奉谕南下办事，用不着什么手谕圣旨的。"安文案故意奉承附和："那当然，那当然。就凭安大人的尊容，也看得出是皇差，没必要拿什么懿旨！"

就这样，安文案从安德海的口中探明了自己所想知道的事实真相，协助丁宝桢将其捕杀。

在上面的故事里，聪明的安文案抓住安德海一贯骄纵的心理，先向其表达敬慕的心情，又怂恿他拿出手谕"让小的开开眼界"，以致安德海狂妄起来，放松了对安文案的戒备，竟然道出了自己无所依凭的实情，为其带来杀身之祸。

3. 利用话外音试探

有些重要的话题因其本身的严肃性，常常使许多较敏感的问题不便摆到桌面上来说。为了避免此类敏感问题刺伤双方，聪明的交际者常常会将己方对问题的态度寓于正题之外的闲谈之中，暗示对方对此话题做出判断或取舍，然后，通过了解对方对题外话的态度判断其对正题所持的态度。

1959年8月，毛泽东主席在武昌东湖会见美国客人杜波依斯夫妇。毛主席说："我也觉得上年岁了，但我还有精力，我每年还能畅游长江，也在中国其他河流畅游过。如果你们不反对的话，我想在密西西比河里游泳，但我估计杜勒斯、尼克松、艾森豪威尔诸先生可能要反对。"杜波依斯回答说："正相反，这三位很可能想见到您在密西西比河里游泳，尤其在河口附近游。"

毛主席轻松地说："真的吗？如果这样的话，我便近日内动身出发。就算是位旅游者好了，不谈任何政治问题，只在密西西比河里游泳。如果艾森豪威尔允许的话，我倒想看看他打高尔夫球呢，或许我再去探望一下在医院里的杜勒斯先生。”

毛泽东这段话，成为1972年中美关系正常化的最早征兆。

20世纪50年代，正是中美关系敌对时期，两国政府恢复正常关系的打算，自然是一个十分敏感的话题，涉及中美双方的态度。为了避免在这一敏感问题上的直接交锋，毛泽东即兴以到密西西比河游泳的话题，把自己对美方友好的态度委婉地寓于其中，以此试探杜波依斯的反应。杜波依斯心领神会，同样把美方对中美关系的态度寓于闲谈之中，两位政治家便通过正题之外的闲谈探知了两国政府的态度。

4. 引用惯例试探

不直接询问对方对某一具体做法的态度，而是先引用俗语或故事，试探其对某一类行为的总的看法，从中得悉对方对某一具体问题可能采取的态度。

例如，我们可以引用一句俗语或讲述一个故事，请对方评价其中蕴含的道理，从而探知对方对某一类做法的总看法。

东汉光武帝刘秀的姐姐刘黄刚刚死去丈夫，情绪低落，十分忧伤。刘秀担心姐姐愁坏了身体，有意在大臣中选一位如意郎君，为姐姐牵线搭桥。

刘秀的姐姐看中了一名叫宋弘的大臣。一天，刘秀召见宋弘。他弯着腰对宋弘说：“俗话说：‘富易交，贵易妻。’人富了要换一批新朋友；地位显赫了就另娶门第高贵或年轻美丽的妻子，这是人之常情嘛！”

宋弘正色说道：“我听说‘贫贱之交不可忘，糟糠之妻不下堂。’就是贫贱时的朋友永远不能忘记，贫贱中共患难的妻子永远不能分离。”

刘秀听后，称赞了宋弘一番，就不在他身上打主意了。

皇帝的姐姐相中了有家室的大臣，这自然令皇帝颇感为难。如果直接询问，而倘若对方予以拒绝，自己的面子也过不去。于是，刘秀采用了先引俗语试探，得悉了宋弘在婚姻问题上的看法，从中推知他肯定不会同意姐姐的要求时，也就不再追问了。

话不投机时表现自己的学问

善于在话不投机时与对方保持有效沟通是某些特定时机和特定场合所必须具备的素质，生活中有很多人并不具备这种素质，本来面对的是一个话不投机的人，应该少说，却偏偏说多了，话多有失，给对方留下了把柄或透露了不该透露的内幕。也有些人为了某种目的，故意向人套话，想从中得到某种信息或试探某种口风甚至机密，这种时候，因对方试探得很技巧，使你不以为然，结果上了大当，一言之失可能造成不良的后果。这也是话不投机的表现，切不可当儿戏，所以在话不投机时有分寸地表现自己是大有学问的。

1. 多听对方说

与人谈话，包括“听”与“说”两部分，因此，这两方面都不可疏忽。而我们常犯的毛病是，往往只注意自己所说的话，脑中只想着“接下去该说什么话”，而很少注意思考对方所说的话，如果对方所讲的话中另有含意，有时就被我们无视了。

会说话的人，在别人说话时，都很注意听着，然后适时地提出自己的意见。不会说话的人，总是随时将自己的身体抬高，一副跃跃欲试的样子，一有机会，马上插嘴，而且更糟糕的是他所讲出的话，往往文不对题。因此，应该学会注意去听对方说话。最理想的说话形式是听七分，说三分。

注意听对方的话，并不表示只听他所讲出的话，还要去注意对方的表情、动作所表达的意思，如果你能这样全心全意去聆听对方讲话，对方一定很高兴，他会有一种踏实感，因为他觉得他所说的话已受到你的重视了。

更重要的是，如果你认真地听对方所讲的话，也可以适时地发现问题，提出疑问。例如：“为什么会这样呢?”或者是“嗯！我也有同感。”如果你没有用心听，那你只能含含糊糊地回答说：“哦！这样啊!”

前者的要领就是将对方所说的话，再一次由你的口中表示出来，简单地说，就是和对方同调，也可以说是借着对方的言辞来承认对方的价值，这样会令对方觉得你是个善解人意的人。

2. 不该说的话不说

说话者都会本能地尽量避免使用带有负面性或者否定性含义的词语，尽可能不使用易引起对方戒备的话语。

人们的潜意识里又常常有一种被害者意识，即老是怀疑自己是不是会受到不公平的对待。这种负面的意识传递给对方，往往会使对方产生怀疑，以至于将心理封闭起来，使进一步的沟通变得困难。

常见的导致话语不投机的状况大致有下列几种：

（1）急于求成、催促对方的话。

（2）猜疑对方身份、权力的话。

（3）推诿责任的话。

（4）让人情绪低落的话。

（5）责备对方的话。

（6）唯利是图的话。

3. 避重就轻

避重就轻的说话方式是我们在回避敏感性问题时的有效技巧。它不对问题指向的事物做出全面的、正面的评价，而是将对方的提问进行分解或转化，只挑其中无关紧要的部分给予回答，或者只对与之相关的其他事物加以论说，而不触及问题指向的重心，以避开对方的锋芒。

巩俐扮演电影《红高粱》的女主角一炮打响以后，引起了世人的注意。当《红高粱》在香港第一次放映时，有位香港记者在采访她的时候，问："你对自己的相貌如何评价?"要让巩俐评价自己的相貌，巩俐的确有点为难，不管她回答自己的外貌漂亮还是不漂亮，都有可能引起麻烦，让自己难堪。这时巩俐灵机一动，指着自己的小虎牙笑着说："我觉得我的牙齿很漂亮，因为，它整齐而与众不同嘛。"

作为一个誉满四海的公众人物，巩俐的一言一行都有可能被媒体大肆炒作，特别是有关相貌的评价，更是容易引起人们的议论。因此，巩俐在回答记者提问时有意避重就轻不评价自己整体的外表形象，而只抓住"牙齿"这个部分作答。这个聪明的应对不会给别人留下什么话柄，使她顺利地过了这一关。

4. 寓庄于谐

在一些特定的场合，对方有关严肃话题的提问往往能在顷刻间使众人把注意力聚集在我方身上，给我方造成较大的心理压力，若故意做出有违常规的回答，将严肃的问题转为幽默与诙谐，就能在笑声中避开回答可能造成的尴尬。

1972 年，美国总统尼克松访问苏联。有一次在苏联机场，飞机正准备起飞，一个引擎却突然失灵。当时送行的苏共中央总书记勃列日涅夫十分着急、恼火。在外国政界要人面前出现这种事是很丢面子的。他指着一旁站立的民航局长问尼克松总统："我应该怎么处分他?"这等于说是给尼克松出了一道不大不小的难题，如果尼克松答得不妙，苏联人也可能借机让尼克松出点丑。"提升他。"尼克松很轻松地说，"因为在地面上发生故障总比在空中发生故障好。"尼克松的话一出，大家都笑了。

尼克松巧妙得体地回答既保全了面子，又消除了尴尬。

"反踢皮球"法

在与人交谈中显得被动时，如果能反被动为主动，让对方代替自己回答问题，可以说是语言交际中的高境界了。运用"反踢皮球"法就能做到这一点。

"反踢皮球"法的原理是，将对方的问题当作一个"皮球"，我方针对对方的提问，举出一个类似的事物，进行反提问，把"皮球"踢回给对方，反请对方说出其中的道理，然后回到最初的问题上，说明对方的观点正是问题的答案。一个回合下来，对方这个

"系铃人"在我方的诱导下不知不觉又成了"解铃人"，使我方得以轻松地摆脱困境。

四川泸州某养殖场向贵州某孵化厂订购一批良种鸭仔，双方议定价格后签订了合同。合同规定：由卖方代办运输，货到后如数付款。不料卖方在运货中管理不善，致使这批鸭仔在中途死去几千只。由于合同上未提及损耗之事，卖方便借机要买方报损，死鸭活鸭一块儿如数付款。买方经办人自然不依，说："我们是养殖场，不是烤鸭店，死鸭仔怎能要活鸭仔钱？"

卖方说："合同上不是说货到如数付款吗？难道死鸭仔不是鸭仔？"这么一问，倒把买方说话人问住了，一时没了词。正在这时，该养殖场场长走了过来，笑着朝着卖方那位说话人说："哎，同志，请问你家几口人？"

"五口。"对方脱口答道。

"哪五口？"场长又问了一句。

"一老母，夫妻俩，俩孩子。你问这个干什么？"

"你父亲，祖父母呢？"

"早死了。"

"难道他们就不是你家中的人了吗？"

"唔？……"对方一听，自知理亏，只好承担损失，一场干戈就此平息了。

这场纠纷理亏在何方，明眼人一看便知，卖方硬钻合同的空子，实属无赖行为。而买方的养殖场厂长"以其人之道还治其人之身"，将"皮球"反踢回去，让对方"搬起石头砸自己的脚"，实乃高明之举。

模糊应答，令人回味

说话过程中，尤其是在一些质询性的论辩中，经常会碰到一些不能直接回答，但又不能不回答，一时又无法回答，但又必须回答的问题时，这时候论辩者可以巧妙地使用模糊语言进行答对。

模糊应答，往往体现了说话者的机智，情急生智，应变自如，令人回味。

阿根廷著名的足球运动员迪戈·马拉多纳在与英格兰球队相遇时，踢进的第一球，是“颇有争议”的“问题球”。据说墨西哥一位记者曾拍下了“用手拍入”的镜头。

当记者问马拉多纳，那个球是手球还是头球时，马拉多纳机敏地回答说：“手球一半是迪戈的，头球有一半是马拉多纳的。”

马拉多纳的回答颇具心计，倘若他直言不讳地承认“确系如此”，那么，对裁判的有效判决无疑是“恩将仇报”。但如果不承认，又有失“世界最佳球员”的风度。而这妙不可言的“一半”与“一半”，等于既承认了球是手臂撞入的，颇有“明人不做暗事”的大将气概，又在规则上肯定了裁判的权威，亦具有了君子风度。

模糊应答以收缩性大、变通性强、语义不明确的词语，回答一些不能直接回答又必须回答的问题，从而化解矛盾，摆脱被动的

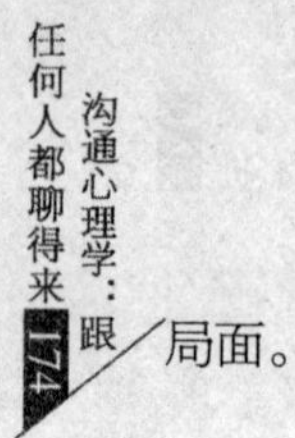

局面。

会说的不如会听的

心理学研究结果证实，在不同的场合环境中，人们对他人的话语有不同的感受、理解，并表现出不同的心理承受力。正因为受特殊场合心理的制约，有些话在某些特定环境中说比较好，但有些话说出来就未必佳。同样的一句话，在此说与在彼说的效果就不一样。因此，说什么，怎么说，一定要顾及说话的环境，如果环境不相宜，时机未到，最好的办法是保持沉默。

日本公司同美国公司正进行一场贸易谈判。

谈判一开始，美方代表滔滔不绝地向日商介绍情况，而日方代表则一言不发，埋头记录。

美方代表讲完后，征求日方代表的意见。日方代表恍若大梦初醒一般，说道："我们完全不明白，请允许我们回去研究一下。"

于是，第一轮会谈结束。

几星期后，日本公司换了另一个代表团，谈判桌上日本新的代表团申明自己不了解情况。

美方代表没有办法，只好再次给他们介绍了一遍。

谁知，讲完后日本代表的态度仍然不明朗，仍是要求道："我们完全不明白，请允许我们回去研究一下。"

于是，第二轮会谈又告休会。

过了几个星期后，日方再派代表团，在谈判桌上故伎重演。唯一不同的是，这次，他们告诉美方代表一旦有讨论结果立即通知美方。

一晃半年过去，美方没有接到通知，认为日方缺乏诚意。就在此事几乎不了之之际，日本人突然派了一个由董事长亲率的代表团飞抵美国开始谈判，抛出最后方案，以迅雷不及掩耳之势，逼迫美方谈判全部细节，使人措手不及。

最后，谈判达成了一项明显有利于日方的协议。

这场谈判能成功的关键在于一句俗话“会说的不如会听的”，听出门道再开口，开口便伤了对方“元气”，不是很高明吗？

在生活中，我们有时故作“迟钝”未必不是聪明人，“迟钝”的背后隐藏着过人的精明。有人推崇一种“大智若愚”型的艺术——意即在商业活动中多听、少说甚至不说，显示出一种“迟钝”。其实，这样做的目的是为了获得最大的利益。少开口不做无谓的争论，对方就无法了解你的真实想法；反之，你可以探测对方动机，逐步掌握主动权。

这时候的沉默，实际是“火力侦察”。

传统的中国人，代代相袭，恪守着“言多必失，语多伤人”“君子三缄其口”的古训，把缄口不言，奉作练达的安身处世之道。今天，我们亦应谨记这些古训，该沉默时一定要三缄其口。沉默，是一种态度；沉默，是一种特殊语言。

沉默是金

在特定的环境中，缄默常常比理论更有说服力。我们说服人时，最头痛的是对方什么也不说。反过来，如果劝者什么也不说，对方的错误意见就找不到市场了。

不同的缄默方式有不同的作用，运用时必须恰到好处。

不理不睬的沉默可摆脱无聊的纠缠：当你正对自己的事情忙得不可开交的时候，同事却不识趣地想跟你唠嗑，或者有推销员厚着脸，赖着不走，或者有人找你去做你不想做的事情。这时，你尽可能对他们一言不发，不理不睬。过一会儿，他们见你无反应，定会识趣地悻悻走开。

冷漠的缄默能使犯错误者认错改正：

一天，一个小学生拿了同学一件好玩具，晚饭前回来，装出一副若无其事的样子，同往常一样笑吟吟地说："妈妈，我回来了！"缄默。"姐，我饿了。"缄默。"怎么了?"缄默。"我没做错事啊！"也是缄默。妈妈眼睛瞪着他，姐姐背对着他，全家都冷冰冰地对待他。他终于不打自招地认错了："妈、姐，我错了……"

毫无表情的缄默能让人深思：有些人态度倒是很积极，但发表意见时不免有些偏颇，令人难以接受，若直截了当地驳回，又易挫伤其积极性，循循诱导又费时，精力也不允许，最好的办法便是毫无表情的缄默。他说什么，你尽管听，"嗯""啊"……

什么也不说，等他说够了，告辞了，再用适当的不带任何观点的中性词和他告别："好吧!"或"你再想想。"别的什么也不说。这样，他回去后，定然要竭思尽虑对你的缄默反省：今天谈得对不对？对方为什么不表态？错在哪里？也许他会向别人请教，或许自己悟出原因。

转移话题的缄默能使人乐而忘求：对要回答的问题保持缄默，而选准时机，谈大家的热门话题并引人入胜，使对方无法插入自己的话题，且从谈话中悟出道理，检讨自己。

信心坚定的缄默能使人顺服：

> 某领导有一次交代属下办一件较困难的任务，当然，属下能胜任。交代完之后，对方讲起了"价钱"。于是，该领导义无反顾地保持缄默，连哼也不哼一声。"困难如何大……""条件如何差……""时间如何紧……"说着说着这个属下就不说了，最后说了一句："好，我一定完成。"

沉默是金，有时沉默不语能够出奇制胜，滔滔不绝反而有理说不清。

沉默是最好的反抗

假如我们在生活中遇到个别强词夺理、无理辩三分或者出言不逊、恶语伤人的人，与之争辩是非或是反唇相讥，往往只能招来他们变本加厉的胡搅蛮缠。对付这种人的最好的办法往往不是以眼还眼，以牙还牙，而是保持沉默。这种无言的回应，常使他们理屈词穷，无地自容。正如鲁迅先生所说：沉默是最好的反抗。

1. 受到别人无理围攻时需保持沉默

国外某名牌大学，曾发生过许多教授遭到群体学生围攻的事情。当时，一群学生冲进某教授的研究室，对他提出各种质问。但是，无论学生说什么，这位教授始终不开口，双方僵持了几个小时后，学生终于无可奈何地走了。该校唯独这位教授因保持沉默，而逃过一劫。

这位教授保持沉默，实际上也是一种反抗，同时又给对方一种高深莫测的感觉，从而造成心理上的压迫感。由此看来，“沉默是金”确有一定道理。

有些人在遇到麻烦的时候，常常喋喋不休，唠叨不止，殊不知这样正好暴露了自己的弱点。处在尴尬情况下，与其聒噪不停，甚至说错话，倒不如保持沉默。

2. 在别人谈论自己时需保持沉默

伊利亚·爱伦堡的长篇小说《暴风雨》出版后，在社会上引起震动，褒贬不一，莫衷一是。某报主编不知从哪里了解了斯大林对《暴风雨》有看法，说是“水杯里的暴风雨”，显然该书应该批判。为了讨好领导，主编就组织编辑部讨论这部小说，以表示该报的政治敏感和高度的警惕性，表明该报鲜明的立场。

讨论进行数小时，发言人提出不少批评意见。由于主编的诱导，每篇发言言辞辛辣而尖刻，如果批评成立的话，足以让作家坐几年牢。可是在场的爱伦堡极为平静，他听着大家的发言，显出令人吃惊的无动于衷，这使与会者无法忍受，纷纷要爱伦堡发言，从思想深处批判自己的错误。

在大家的再三督促下，爱伦堡只好发言。他说："我很感谢各位对鄙人小说产生这么大的兴趣，感谢大家的批评意见。这部小说出版后，我收到不少来信，这些来信中的评价与诸位的评价不完全一致。这里有封电报，内容如下：'我怀着极大兴趣读了您的《暴风雨》，祝贺您取得了这么大的成就，——约·斯大林。'"

这时候，主编的脸色很难看，以最快的速度离开会场，那些批判很尖刻的评委们，都抱头鼠窜溜之乎也了。爱伦堡轻轻地摇摇头："都怨我，这么过早地发言，害得大家不能再发言了。"

爱伦堡的聪明在于，如果他据理反驳，必能激起同仁们更加尖锐的批评，这种场合，最明智的做法就是保持沉默，褒贬随人。